Hans-Peter von Peschke und Werner Feldmann
Kochbuch der alten Römer

Hans-Peter von Peschke und Werner Feldmann

# Kochbuch der alten Römer

Albatros

Für unsere Frauen,
die gelegentlich unter ihren kochwütigen Männern gelitten haben,
mit dem Ergebnis aber doch stets zufrieden waren.

Titel der Originalausgabe:
Kochen wie die alten Römer: 200 Rezepte nach Apicius,
für die heutige Küche umgesetzt von Hans-Peter von Peschke
und Werner Feldmann

Artemis & Winkler Verlag, Düsseldorf/Zürich

Bibliographische Information der Deutschen Bibliothek
Die Deutsche Bibliothek verzeichnet diese Publikation
in der Deutschen Nationalbibliographie;
detaillierte bibliographische Daten sind im Internet
über http://dnb.ddb.de abrufbar.


Albatros Verlag, Düsseldorf
Umschlaggestaltung: Hauptmann und Kampa, CH-Zürich
Umschlagmotiv: »Stilleben mit Fischen«, »Stilleben mit Obst«,
»Verlesung des Brautmysterien« (Bildmontage),
Pompejanische Meister

ISBN 3-491-96075-4
www.patmos.de

# Inhaltsverzeichnis

## Einführung



## Rezepte



## Anhang

# Einführung

*Di boni, quantum hominum unus venter exercet!*
Gute Götter, wieviel Menschen hält ein einziger Bauch in Trab!
(Seneca)

## Essen im römischen Imperium

*«Allem voran ein lukanischer Eber;*
*Beim schmeichelnden Südwind ward er gefangen.*
*Rings häuften sich scharfe Rettiche, Salat, Radieschen,*
*die Dinge, die reizen den matten Magen,*
*Rapunzel, Fischsud und endlich korsische Hefe.*
*Als nun weg dies geräumt,*
*wischt hochgegürtet der Page ab*
*mit purpurnem Tuch die Tafel aus Ahorn.*
*Dann kamen Vögel, Schaltiere, Fische,*
*die in sich bargen Geschmack,*
*der weit vom bekannten verschieden,*
*dazu das Innere von Flundern und Steinbutt.*
*Eine Muräne wird aufgetischt zwischen schwimmenden Krebsen*
*lang auf der Schale gestreckt. Dazu der Gastgeber:*
*Man fing sie trächtig, da nach der Geburt*
*sie schlechter sein wird im Fleische...»*
(Horaz, Satiren II 8, Auszüge)

So schilderte der Poet Horaz ein Festmahl kurz vor der Zeitenwende. Und auch andere Zeitzeugen berichteten, daß sich schon zu Caesars und des Augustus' Zeiten die Tische unter der Last der Köstlichkeiten bogen. Die Römer, in nur knapp 500 Jahren zur Weltmacht aufgestiegen, dinierten auch wie die Herren der Welt. Kein Wunder, daß Rom bei den anderen Mittelmeerländern bald einen despektierlichen Namen erhielt. Die ewige Stadt, so hieß es, sei der gefräßige «Bauch der Welt», den die übrigen Gegenden des Imperiums mit einer Armada von Transportschiffen, die Lebensmittel aus dem ganzen bekannten Erdkreis brachten, sättigen mußten. Die reichen Römer waren auf den Geschmack gekommen, allzu schnell vielleicht...

Wenige Jahrhunderte zuvor konnte man den römischen Speisezettel allenfalls als *kärglich* beschreiben. Hauptnahrungsmittel war die *puls,* ein Getreidebrei, entweder als Grütze oder als Fladen in Öl gebacken. Daneben aß man Eier und Quark, nahm Honig zum Süßen. Was die Mahlzeit des armen Bauern von der des Großgrundbesitzers unterschied, war ein Mehr oder Weniger an Schweine- und Hühnerfleisch. Erbsen und Rüben, Zwiebeln und Knoblauch kamen dazu, ja man kochte aus allen möglichen Gemüsen eine Art Spinatbrei, der Schrecken aller Kinder, von dem der Dichter Plautus schaudernd schrieb:

*«Ein Futterhaufen, Gras mit anderem Kraut vermengt und mit Koriander, Fenchel, Knoblauch und Petersilie gewürzt; dazu kommen Sauerampfer, Kohl, Lauch und Mangold. Man mischt das ganze mit zerstoßenem Senf, einem scheußlich giftigen Zeug. Das alles paßt besser zu Ochsen als zu Menschen.»*
(Plautus, Pseudolus III 1)

Immerhin kann man diesem Zitat einen Teil der Nutzpflanzen und Kräuter entnehmen, die die Römer zunächst in ihren Hausgärten kultivierten. Und es zeigt sich auch eine nicht nur im alten Rom unselige Eigenart, möglichst alles, was einem unter die Finger kam, miteinander zu vermischen, eine Unsitte, der gelegentlich auch noch die Köche zur Zeit des römischen Imperiums frönten.

Der Spötter Plautus, er wurde um die Mitte des dritten vorchristlichen Jahrhunderts geboren, war Zeitgenosse des ersten kulinarischen Umschwungs in Rom. Durch die militärische Expansion waren Feldherren wie Soldaten im wahren Sinne des Wortes auf den Geschmack gekommen, vor allem, als sie auf die weltberühmte Küche der griechischen Kolonisten auf Sizilien stießen. Da war es dann plötzlich aus mit einfacher Sitte und einfacher Speise, auf die sich der vornehme Römer – mangels Alternative – bisher so viel zugute hielt. Vor allem der Sieg über Pyrrhus, so das immer kleiner werdende Häuflein der Verfechter altrömischer Sitten, habe sich als Pyrrhussieg herausgestellt. Denn kurz danach entsandte der Senat eine Studienkommission nach Griechenland, um die dortige Kultur und Literatur zu untersuchen. Und die bei solchen Anlässen üblichen Geschäftsessen hatten zur Folge, daß die Delegation mit einem ganzen Troß griechischer Köche nach Rom zurückkehrte. Einen griechischen Koch, sei er nun frei oder Sklave, in seinem Haushalt zu haben, gehörte von nun an zum guten Ton in der feinen Gesellschaft. Und der ältere Cato, bekanntester Tugendwächter seiner Zeit, wetterte bissig:

*«Schlecht steht es um unseren Staat, in dem ein Meerfisch mehr gilt als ein Ochse!»*
(Cato, De re rustica)

Wobei sich selbst jener Cato nicht von ausländischen Einflüssen frei machen konnte. In seinem Haushaltsbuch altrömischer Lebensart finden wir das Rezept für die *puls punica,* einen süßen karthagischen Getreidebrei, der geschmacklich sehr an heutigen arabischen Couscous erinnert. Roms Sieg über den alten Widersacher Karthago hatte im übrigen eine weitere Folge: Wenn man auch von der mächtigen Handelsstadt keinen Stein auf dem anderen ließ, an die fruchtbaren Weizenfelder legte man keine Hand. Denn das schnell wachsende Rom brauchte Getreide, später sollte die Kontrolle über die Ernten Ägyptens und der südlichen Mittelmeerländer zum Eckpfeiler der imperialen Wirtschaft werden. Allein um den Weizenbedarf der Ewigen Stadt zur Zeit Trajans und Hadrians zu decken, war der Ertrag eines Großteils der Ackerfläche Nordafrikas nötig. Und überall dort, wo die Legionen ihre Adler in den Boden rammten, verstand es die gut organisierte Provinzverwaltung, Ströme von Nahrungsmitteln nach Rom, dem Bauch der Welt, zu leiten.

Das hieß freilich nicht, daß sich diese Güter gleichmäßig über die Bewohner der Hauptstadt ergossen. Zu Augustus' Zeiten zählten ein knappes Drittel der gut eine Million Stadtrömer zu den Armen, die von der öffentlichen Hand ernährt wurden. Angehörige des Mittelstandes wurden mehr und mehr von den etwa 200 reichen Familien abhängig, indem sie deren *clientes,* deren Schutzbefohlene wurden. Dies hatte den Vorteil, daß sich ein solcher Klient täglich seine *spatula,* einen Korb mit Lebensmitteln abholen durfte.

Gekocht wurde in den mehrstöckigen Wohnblöcken der Proletariersiedlungen übrigens wenig, zeitweise war es sogar verboten. Denn offene Feuerstellen bargen die Gefahr eines Brandes, der sich durch die engen Gassen mit Windeseile ausbreiten konnte. So aß der einfache Römer zu Hause kalt: zum Frühstück ein wenig Brot, das er in Wein eintauchte, dazu Oliven, Käse und Eier; des Mittags Schafs- oder Ziegenkäse, Zwiebeln und vielleicht etwas kalten Braten. Falls er Lust auf Warmes und etwas Geld hatte, konnte er in einen der zahlreichen Schnellimbisse gehen. Das waren kleine Läden, in deren hinterem Teil auf einigen Herden Fleischspießchen oder Fische gegrillt wurden. Auf der der Straße zugewandten Seite war eine Art Theke, auf die der Wirt die Speisen stellte, nachdem er sie kräftig gewürzt hatte. So wollte er dem Durst nachhelfen und vor allem am Wein verdienen, nicht immer mit lauteren Mitteln, wie in Pompeji gefundene Graffiti zeigen:

*«Möchtest du doch, oh Wirt, ersticken an deinen Lügen.*
*Wasser schenkst du uns ein, selber säufst du den Wein!»*

Freilich, auch der kleine Mann hatte genug Gelegenheit zu schlemmen auf einem der offiziellen Feste, die in der ewigen Stadt je länger, je lieber und öfter stattfanden. Feiertag war, wenn irgendeine religiöse Zeremonie, ein Fest oder Wahltag, der Triumph eines siegreichen Feldherrn oder Kaisers Geburtstag begangen wurde. Dann war ganz Rom zum Gelage eingeladen, Julius Caesar hatte den Anfang gemacht und Maßstäbe gesetzt. An 22 000 Tischen ließ er nach seinem Sieg über die Gallier insgesamt 260 000 Gäste bewirten. Und es handelte sich dabei nicht um irgendwelches *fastfood,* sondern die Speisenfolge, die etwa Cornelius Lentulus anläßlich seiner Weihe zum Priester des Mars für die Massenspeisung auswählte, konnte sich sehen lassen:

*«Als Vorspeise Miesmuscheln, Seeigel und Austern. Es folgten Drosseln, Hühner auf Spargel, Pasteten, Rehfilet- und Wildschweinstücke sowie Tintenfische.»*

Schon an diesem Menu für die Volksspeisung mag man erahnen, wie es auf den Tischen der Reichen ausgesehen haben muß. Von Cato über Seneca bis zu Marc Aurel kämpften einzelne Römer gegen diesen Luxus, ja erließen gar Gesetze dagegen, allein es nützte alles nichts. Denn sie kämpften gegen eine sinnenfreudige

Lebensart, die in prunkvollem Essen einen der höchsten Werte sah. Einer der ersten, die aus der Abendmahlzeit eine Zeremonie, ein Schauspiel, ja ein «Sich-und-seinen-Reichtum-zur-Schau-Stellen» machten, war der berühmte Lukullus. Obwohl erfolgreicher Feldherr und Konsul, zog er sich von der Politik enttäuscht auf die Kunst, vor allem auf die Kochkunst zurück. Immerhin brachte er von seinen Feldzügen auch neue Nahrungsmittel mit, so führte er in Italien den Kirschbaum ein. In seinem Wohnpalast in Rom hatte er zwölf Speisesäle, die jeweils einem Gott geweiht waren. Wenn Lukull seinem Majordomus bedeutete, er wünsche mit seinen Gästen im Apollozimmer zu speisen, dann wußte der Küchenchef gleich, wie teuer das Essen werden durfte. Denn jeder Saal hatte seine Preislage, der des Apollo etwa 25 000 Sesterze, in heutiger Kaufkraft über 10 000 Mark, was bei der normalen Zahl von neun Gästen ein stolzer Preis war.

Aber schon mit Lukull war in der römischen Kochkunst eine verhängnisvolle Entwicklung angelegt: Was gut war, hatte auch teuer zu sein, das war die Maxime! Und weil das, was teuer war, zumeist auch einen weiten Transportweg hinter sich hatte, kam als zweite Vorstellung hinzu: Je exotischer der Ort, von dem ein Nahrungsmittel kommt, um so besser ist dieses. Gedanken, die in der abendländischen Welt bis heute erhalten sind! Der Gourmet der Römerzeit zeichnete sich denn auch weniger darin aus, daß er den Geschmack oder die Zubereitung loben konnte, sondern dadurch, daß er – wie heute der Weinkenner – nach dem ersten Kosten sagen konnte, woher der Gaumengenuß kam. Ja, es gab so etwas wie eine, wenn auch kostspielige, Hitliste: Schildkröten mußten aus Arabien sein, Austern aus Britannien! Aus Spanien kamen die in Essig eingelegten Gemüse, der beste Wein aus dem Jura, die Granatäpfel aus Ägypten, der Schinken aus Gallien und wenn es Salm sein durfte, dann nur der aus dem Rhein!

Schon zu Julius Caesars Zeiten wurde der erste römische Feinschmeckermarkt eingerichtet, ein großes quadratisches Gebäude. An den Außen- und Innenseiten des großen, lichten Innenhofs waren überall kleine Läden. Um die Waren vor der Sonne zu schützen, hatte man getrocknete Tierhäute aufgespannt. Vor allem das Gemüseangebot war reichlich, ein Bereich, in dem römische Agronomen besonders erfolgreich waren. So war es ihnen gelungen, erstmals Kopfsalat zu kultivieren und Spargel und Kohl auf ihre heutige Größe zu züchten. Ein zeitgenössischer Chronist schildert den Markt so:

> *«38 verschiedene Birnensorten konnte man sehen, 23 Arten Äpfel. Dicht umlagert waren die Stände der Gewürzhändler, die laut schreiend ihre Raritäten anboten: Pfeffer, Kardamom und Baldrian aus Indien, Kümmel aus Äthiopien, Ingwer aus Arabien und Haselwurz aus Illyrien. Das Geflügel war ebenso an Schnüren aufgehängt wie getrocknete Fische. Daneben Salzfässer mit lebenden Austern...»*

Die Sucht der vornehmen Römer, Fische und andere *frutti di mare* aus möglichst fernen Ländern möglichst frisch zu bekommen, stellte die Händler vor besondere Probleme. So gab es Spezialschiffe mit besonderen Frischwasserbehältern oder man konservierte Fleisch und Fisch mit Eis oder Schnee, der im Winter in speziellen Höhlen für den Sommer gelagert wurde. Der allseits beliebte Rheinsalm wurde über die Landstraßen aus Germanien in fahrbaren Wassertanks transportiert, an jeder Relaisstation wurde das Wasser erneuert.

Den Höhepunkt stellte eine Einrichtung in den unter den Adoptivkaisern erbauten Großmarkthallen dar: Im fünften Stock gab es riesige Fischbehälter, die über Aquädukte mit Süß- bzw. Meerwasser gespeist wurden. Dieser riesige Gebäudekomplex stand in der Stadtmitte direkt am Forum des Kaisers Trajan und war dort der größte Bau, gleichsam ein Symbol dafür, wie wichtig den Römern das Essen geworden war.

Nach der Zeitenwende war nicht mehr nur Lukullus das Vorbild der reichen Römer, sondern auch ein Lebemann namens Marcus Gavius Apicius, der zum bevorzugten Angriffsziel aller auf Mäßigung bedachten Philosophen wurde. Dieser Apicius, so meinte Seneca, vergifte mit seinen Ideen das ganze Zeitalter. Statt daß die jungen Männer die Lehrstätten der Philosophen und Rhetoren aufsuchten, drängten sie sich nun in den Kochschulen, so wie das später auch Clemens von Alexandria schilderte:

*«Sie glotzen mit glühenden Augen und offenen Mäulern und mischen in das Sausen und Brausen von Saucen, die auf den Öfen brodeln, ihr ungestümes Freudengeschrei!»*

Wer aber war dieser, wie Plinius schrieb, «größte Verschwender und Prasser aller Zeiten» (Plinius, *naturalis historia* X 133)? Marcus Gavius Apicius lebte wohl zur Zeit des Kaisers Tiberius, die wenigen, oft gehässigen und neidisch bewundernden Bemerkungen über ihn stammen aus den ersten Jahrzehnten des neuen Jahrtausends. Vermutlich wurde er um 25 vor Christus geboren, von seinem Tod hat uns Seneca zwar nicht das Datum, aber die angeblichen Umstände berichtet:

*«Es lohnt sich, das Ende des Apicius zu kennen: Als er nämlich 100 Millionen Sesterze für die Küche aufgewandt hatte, als er so viele Geschenke der Kaiser ... in seinen Gelagen verpraßt hatte, da machte er notgedrungen eine Bilanz. Er rechnete aus, daß ihm nur noch 10 Millionen Sesterze übrig geblieben waren. Und so, als ob er nun mit seinen 10 Millionen im ärgsten Hunger leben müßte, nahm er Gift und beendete sein Leben!»* (Seneca, ad Helviam X 9)

Ob diese mit dem erhobenen moralischen Zeigefinger geschriebene Geschichte stimmt, wissen wir nicht. Für Seneca war Apicius das Paradebeispiel für den Wandel der Zeiten zum Schlechten, denn direkt vor der oben zitierten Anekdote schrieb er:

*«Was ist aus unserem Rom geworden, in dem man Philosophen befiehlt, die Stadt als angebliche Verderber der Jugend zu verlassen, während gleichzeitig dieser Apicius die Wissenschaft der Kochkunst zum Beruf und das ganze Zeitalter mit seiner Lehre verdorben hat!»* (Seneca, ad Helviam X 8)

Bei dieser Haltung wundert es nicht, daß Philosophen wie Seneca vor allem die extravaganten, absonderlichen Ideen des Apicius geschildert haben. Plinius erzählt etwa von seiner Methode, die Schweine mit getrockneten Feigen zu mästen und ihnen kurz vor dem Schlachten süßen Most einzuflößen. Das Ergebnis sollte eine besonders wohlschmeckende Leber sein. Ja, diese Methode soll auf die Zeitgenossen einen solchen Eindruck gemacht haben, daß das klassische Wort für Leber im Laufe der Zeit durch *ficatum,* die mit Feigen gemästete Leber ersetzt wurde, eine Bezeichnung, die in allen romanischen Sprachen erhalten geblieben ist (it. *fegato,* frz. *foie,* sp. *higado*). Im Kochbuch des Apicius selbst wird diese Idee auch auf Schnecken angewandt:

*«Nimm Schnecken, tupfe sie ab und gib sie am ersten Tag in ein Gefäß mit Milch und Salz, an den übrigen Tagen nur in Milch und entferne alle Stunden den Kot. Wenn sie gemästet sind, daß sie sich kaum mehr bewegen können, schmore sie in Öl.»* (Apicius VII 18. 1)

Eben durch dieses Kochbuch, das seinen Namen trägt, wurde Apicius zu seiner Zeit und bis heute bekannt, sicher ist es *der Longseller* der gastronomischen Literatur. In zahlreichen europäischen Klöstern wurde das Werk immer wieder kopiert (und hierbei verschlimmbessert), zahlreiche Gelehrte der Völkerwanderungszeit und des Mittelalters haben sich mit ihm beschäftigt, so der Kirchenvater Hieronymus, Isidor von Sevilla oder Abt Odo von Cluny. Und weil «der Apicius» viel gelesen wurde, teilte er das Schicksal aller guten Kochbücher. Die Rezepte wurden immer und immer wieder abgeschrieben, jeder, der meinte, ein guter Koch zu sein, gab noch seinen Senf dazu, ja fügte gar ein ihm gut erscheinendes Rezept an.

Der Aufmerksamkeit, die das Werk bei Philologen wie Gourmets in unserem und dem vergangenen Jahrhundert gefunden hat, verdanken wir jedoch, daß wir einiges über Entstehungsgeschichte und Echtheit der Rezepte zu wissen glauben. Vermutlich hat Apicius zwei Bücher, ein allgemeines Kochbuch und eines über Saucen, geschrieben oder in seinem Auftrag schreiben lassen. Aus ihnen haben dann spätere Bearbeiter ein einziges Werk mit insgesamt 478 Rezepten und Speisevorschriften gemacht. Ungefähr 300 stammen wohl aus den ursprünglichen Büchern, der Rest ist aus anderen Schriften, die sich mit Landwirtschaft, Medizin und Diät befaßten, abgeschrieben. Dahinter stand wohl die Absicht, aus einem Buch für die römische Oberschicht ein Werk zu machen, das sich nun auch für den «Normalbürger» eignete. Und dabei wurde gewiß auch vieles, was als zu extravagant und zu teuer erschien, weggelassen. So wissen wir nicht, ob die ursprünglichen Kochbücher des Apicius die Vorwürfe eines Seneca oder Plinius gegen ihn rechtfertigen. In der uns überlieferten Form handelt es sich meist um gelegentlich raffinierte, aber doch sehr fein abgestimmte Speisen, die – mit einer gewissen Anpassung an den heutigen Zeitgeschmack – auch heute noch sehr gut schmecken.

Zudem lassen sich aus diesem Kochbuch einige sehr allgemeine Schlüsse auf die römische Küche der Kaiserzeit ziehen:

Hauptnahrungsmittel an den großen Tafeln war das Fleisch. Da Rind- und Kalbfleisch offenbar nicht so beliebt, vielleicht auch nicht so gut wie heute waren, kamen vor allem Schwein und Eber, Lamm und Wild auf den Tisch, ebenso wie alle Arten von Geflügel.

Eine Reihe von Autoren haben nach Lektüre des Apicius vermutet, daß die Römer ihr Fleisch für uns unverständlich stark und vermutlich unverdaulich würzten oder mit entsprechenden Saucen übergossen. Für diese Vorliebe zum starken Würzen geben sie mehrere, nicht ganz konsistente Erklärungen. So könnte das Fleisch vielleicht zäher als das unsere gewesen sein, deshalb kochte man es wie schon im alten Griechenland oft vor. Vielleicht wollte man dem nunmehr faden Bratgut durch viele Gewürze mehr Geschmack geben. Ähnliches könnte für in Salz eingepökeltes und gewässertes Fleisch gelten. Möglicherweise hatte manches Wild auch schon viel Hautgout, den man übertünchen wollte. Man könnte sich auch vorstellen, daß die Zungen der Römer durch jahrhundertelange Gewöhnung an solch starke Gewürze mit der Zeit abstumpften.

Aber könnte es nicht auch eine ganz andere Deutung geben? Ein Beispiel: Während Asterix und Obelix ihr Wildschwein schlicht und einfach am Feuer brieten, riet Apicius etwa zu folgender Sauce:

*«Selleriesamen, Dill, Kümmel, Minze, Majoran, Thymian, Liebstöckel, Haselwurz, Ingwer und Pfeffer werden mit der Fischlake, dem* garum *vermischt und im Mörser mit Essig, Honig und Wein verknetet.»* (Apicius VIII 1. 8)

Das wirkt auf den ersten Blick wie ein schlagender Beweis für die These von der Überwürzung im alten Rom. Aber sind nicht auch manche unserer Barbecue-Saucen ziemlich scharf, ziemlich *hot*? Wenn man diese Sauce nachkocht, dann hat sie den kräftigen süß-scharfen Geschmack, der offenbar zu Zeiten des Apicius sehr geschätzt wurde. Wenn wir die Sauce aber so verwenden, wie wir das heute bei gegrilltem Fleisch auch tun, würde sie niemand als zu scharf und geschmacksverderbend empfinden. Und das gilt natürlich auch für andere Speisen. Warum sollen wir den römischen Köchen unterstellen, sie hätten ihre Speisen durch Unmengen von Gewürz verdorben?

Sicher ist, daß es wie bei fast allen Mittelmeerküchen nicht darum ging, den Eigengeschmack der jeweiligen Nahrungsmittel hervorzuheben und zu verfeinern, sondern daß dieser mit kräftigen Saucen und frischen Gewürzen eher konterkariert wurde. Die Köche wollten überraschen, stets Ungewohntes bieten. Anderes wirkt uns dagegen sehr nahe. Die römischen Köche waren Meister in der Herstellung von Fleischkügelchen, Sülzen, Fleischbreien und Eintopfgerichten sowie kleiner Happen aller Art. Letztere waren natürlich für den am Tisch liegenden Gast leicht einzunehmen. Aber auch hier wieder die Überraffinesse: wenn schon nicht ein Dutzend Gewürze, so doch mehrere Kocharten hintereinander.

> *«Crepinetten stellt man so her: Brate Schweinsleber. Vorher zerreibe Pfeffer und* garum *und tu darauf die Leber, vermische alles und bilde aus der Masse Klößchen, umwickle diese mit Lorbeerblättern und hänge sie in den Rauch. Vor dem Essen noch einmal braten!»* (Apicius I 1. 4)

Diese Lust der römischen Koche, alles zu passieren und aus der Masse ganz neue Gebilde zu schaffen, führte zu einer weiteren Eigenart. Man machte sich einen Spaß daraus, alles zu verfremden, ja man ließ die Gäste beim Nachtmahl gerne raten, aus welchem Fleisch dieses oder jenes Gericht ursprünglich hergestellt sei. Kaiser Augustus etwa ließ seinem Koch eine kostbare Statue aufstellen, weil er imstande war

> *«... einen Hecht in einen Karpfen zu verwandeln und einen Karpfen so zuzubereiten, daß er wie ein Huhn schmeckte.»*

Auf einen bereits erwähnten, bitteren Beigeschmack der Küche der römischen Kaiserzeit muß man trotz des unzweifelhaften Könnens und des Raffinements der Köche noch eingehen. Den Herren des Imperiums genügte es nicht, daß ihre Speisen gut schmeckten. Wichtiger war oft, daß sie teuer waren, aus exotischen Ländern kamen, womöglich noch kunstvoll verfremdet wurden. Das Essen der Vornehmen war meist ein gut inszeniertes Gesellschaftsspiel, bei dem es um Prestige, Prunken und Protzen ging. Jeder wollte den anderen in Aufwand und Überraschungsmomenten übertreffen. Keiner hat dies besser dargestellt als der Dichter Petronius. In seiner Satire *Das Gastmahl des Trimalchio* schildert er den Höhepunkt eines Gelages so:

> *«Endlich wurde ein Speisebrett mit einem ungeheuren Schwein hereingetragen. Trimalchio faßte es scharf ins Auge und rief: ‹Wie! Wie! Ist denn das Schwein nicht ausgenommen? Weiß Gott, ist es nicht! Ruft mir den Koch her!› Als der Koch bekümmert an die Tafel trat und sagte, er habe vergessen, es auszunehmen, rief Trimalchio aus: ‹Wie, vergessen. Zieht ihn aus!› Unverzüglich zog man den Koch aus und jammervoll stand er zwischen den Bütteln da. Nun fingen alle an, für ihn zu bitten. Trimalchios Miene heiterte sich auf und er sagte: ‹also, weil du so ein schlechtes Gedächtnis hast, nimm das Schwein hier vor unseren Augen aus!› Und der Koch zog seine Tunika wieder an, nahm sein Küchenmesser und schnitt mit ängstlicher Hand dem Schwein hüben und drüben den Bauch auf. Und flugs quollen aus den Schnittstellen, die sich unter dem Druck von innen*

*erweiterten, Bratwürste und Blutwürste in Mengen heraus!»* (Petronius, Satyrikon c. 49. 2–50. 1)

Dies freilich war noch einer der harmloseren Scherze, die an der römischen Tafel so beliebt waren. Einige Gastgeber rühmten sich, daß ihre Muränen mit frischem Sklavenfleisch gefüttert waren. Vielleicht handelte es sich dabei nur um Legenden, aber immerhin gab es das Sprichwort, daß zum Tode verurteilte Verbrecher *ad muraenas,* zu den Muränen gingen. Auch andere Absonderlichkeiten würden uns grausen lassen. So berichteten griechische und gallische Reisende schaudernd, daß die Schnecken von ihren Tellern wegkrochen. Irgendein Trendsetter der römischen Schickeria hatte nämlich die Parole ausgegeben, daß die Tierchen lebend am besten schmeckten. Schlimm erging es auch den Haselmäusen, die in den Kastanienwäldern lebten. Sie wurden gezüchtet, die Frischgeborenen trug man lebend zur Tafel auf, die Gäste packten sie am Schwänzchen, tunkten sie in eine Honigsauce und schlangen sie hinunter. So hätten wir vermutlich gar nicht die berühmte Pfauenfeder nötig gehabt, mit der sich die Römer im Gaumen kitzelten, um nach dem Übergeben wieder Platz für den nächsten Gang eines opulenten Gastmahls zu haben. Den schlechten Geschmack konnte man ja mit einem Glas Wein wegspülen, den es bei allen Gelagen reichlich gab.

Aber auch hier ist wieder einschränkend zu sagen, daß es sich beim *Gastmahl des Trimalchio* um eine bewußt überzeichnete Satire handelt und bei den anderen hier erwähnten Berichten um Anekdoten, die man sich schon damals oft und gerne schaudernd erzählte. Dabei dürfte es sich, selbst in Kreisen der römischen Schickeria, kaum um den Normalfall gehandelt haben.

Zurück zum Wein! Noch im ersten vorchristlichen Jahrhundert hatte es in Rom nur eine Weinsorte gegeben, man nannte sie der Einfachheit halber nach einem der regierenden Konsuln. Als Caesar dann bei einem seiner Feste vier verschiedene Weine auftischte, galt das als frivole Sensation. Plinius führte dann in seiner Naturgeschichte schon 150 Weinsorten auf. Ein Teil des jungen Weines wurde mit Honig versetzt und daraus eine Art süßer Aperitif gemacht. Der restliche Traubensaft wurde gekeltert und geklärt, wobei man Harz, Asche oder etwas Meerwasser zu Hilfe nahm. Dann wurde er in verschlossenen Amphoren oder Fässern jahrelang aufbewahrt. Das ergab einen herben, schweren Wein, der siruptartig verdickt war und zahlreiche Nebengeschmäcker hatte. (Bacchusfreunde können sich hierzu ausgiebig in dem Buch von Karl-Wilhelm Weeber, *Die Weinkultur der Römer,* Zürich 1993, informieren).

Im Gegensatz zu den Griechen verabscheuten es die Römer, ihren Wein mit Wasser zu vermischen. Kein Wunder, daß viele Feste in dem Zustand endeten, den man gemeinhin mit dem Begriff *Orgie* umschreibt. So auch das Gastmahl des Trimalchio:

*«Plötzlich krachte es in der getäfelten Decke und der Speisesaal erzitterte. Bestürzt sprang ich auf, voll Furcht, ein Akrobat werde zu seinen Kunststücken durchs Dach herunterkommen. Und siehe da, plötzlich schob sich die Kassettendecke auseinander und ein riesiger Reifen schwebte herab, an ihm hingen goldene Kränze und alabasterfarbene Salbfläschchen. Inzwischen war auf der Tafel ein Tablett mit etlichen Kuchen aufgetragen worden, dessen Mitte ein vom Konditor gefertigter Priapus einnahm. Wir erhoben uns von den Sitzen und riefen: ‹Heil dem Kaiser, dem Vater des Vaterlandes!›.»* (Petronius, Satyrikon c. 59. 2–60. 2)

Nach solch fröhlichem Prosten kam die Zeit der Lustsklaven und der Schoßsklavinnen, die außer ihrer Schönheit nur noch wenig mit den gebildeten Hetären Athens gemein hatten. Das Gastmahl der Antike, seit den frühen Epikern Inbegriff gesitteter Geselligkeit, gehörte in der Kaiserzeit der Vergangenheit an. Der Schilderer der Völlerei, Petronius, ließ die innere Zerrissenheit dieses dekadenten Zeitalters anklingen und seinen Trimalchio ein kritisches Gedicht über die römische Völlerei zitieren:

*«Die Gier nach Luxus macht die Mauern morsch,*
*Für deinen Gaumen mästet man*
*Den Pfau, der prunkt in Babels Goldgewand, für dich*
*Poularden Afrikas, Kapaune Galliens bereitet man.*
*Sogar der Storch, willkommener Gast auf fremdem Land,*
*Schlankfüßig, Frömmigkeitsverehrer, klapperfroh,*
*des Winters weicht und linder Lüfte Botschaft bringt,*
*er nistet nun – im Kochtopf schnöder Schlemmergier...»*
(Petronius, Satyrikon c. 55. 6)

## Einführung in den Rezeptteil – ein Werkstattbericht

*Brevis pimentorum que in dome esse debeant, ut condimentis nihil desit*
**Kleine Liste der Gewürze, die im Hause sein müssen, damit es an nichts mangle**

Safran, Pfeffer, Ingwer, Laser, Lorbeerblätter, Myrtenbeeren, Kostwurz, Nelken, indische Narden, Kardamom und Nardenspitzen.

Folgende Samen: Mohn, Raute, Rautenbeere, Lorbeeren, Dillsamen, Selleriesamen, Fenchelsamen, Liebstöckelsamen, Koriandersamen, Kümmel, Anis, Petersilie, Wiesenkümmel, Sesam.

Getrocknete Gewürze: Laser, Minze, Katzenminze, Salbei, Zypresse, Oregano, Wacholderbeere, Enzian, Thymian, Koriander, Bertram, Zitronenmelisse, Pastinake, Schalotte, Dill, Poleiminze, Zyperngras, Knoblauch, Majoran, Alant, Silphium, Kardamom.

Flüssigkeiten: Honig, *defrutum, caroenum,* Pfeffertinktur, *passum.*

Nüsse: Walnüsse, Pinienkerne, Mandeln, Haselnüsse

Trockenfrüchte: Damaszenerpflaumen, Datteln, Rosinen, Granatäpfel

Das alles lege an einen trockenen Ort, damit es den Geruch und das Aroma behält.

(Kleine Liste, die sich der Edelmann Viridianus nach Lektüre des Apicius anlegte; zit. nach R. Maier [Hg.], Das römische Kochbuch des Apicius, Stuttgart 1991, S. 164f.)

Als wir uns zum erstenmal intensiver mit den Rezepten des Apicius-Kochbuchs beschäftigten, standen wir zunächst vor zwei Schwierigkeiten. Einmal fehlten bis auf wenige Ausnahmen alle Mengenangaben, zum anderen kamen eine Reihe von Zutaten vor, die heute nicht mehr gebräuchlich sind.

Mit ziemlicher Sicherheit richtete sich das ursprüngliche Werk ja an Berufsköche. Die Vorstellung von der züchtigen Hausfrau, die in den Wohnblocks der römischen Proletarierviertel ihrem Gatten ein wohlschmeckendes Abendmahl bereitete, hat mit der Wirklichkeit wenig zu tun. Warm gekocht wurde im Rom der Kaiserzeit in den Tavernen und Schnellimbissen, in den öffentlichen Garküchen und in den reichen Privathaushalten. Überall dort aber waren Profis am Werk. Insofern wandte sich Apicius an Leute, die im allgemeinen ohne Mengenangaben auskommen.

Wir fanden, daß für ein modernes Kochbuch, das zum Nachkochen anreizen soll, genaue Quantitäten nötig seien. Wir sind deshalb so vorgegangen, daß wir vor dem ersten Kochen eines Gerichts intern für uns exakte Vorgaben gemacht haben, was die Mengen betrifft. Dabei haben wir uns an unserer Erfahrung und an vergleichbaren Gerichten vor allem der Mittelmeerküche orientiert. Ehrlich gesagt, haben wir dann auch nach Gefühl gewürzt. Bei jedem unserer Menüs aber hatten wir zahlreiche Testesser (sonst lohnt sich der Aufwand wirklich nicht), mit denen wir nachher das Ergebnis diskutierten. Bei einem Teil der Gerichte konnten wir die vorgegebenen Quantitäten belassen, bei anderen mußten wir sie leicht korrigieren und manchmal war ein erneutes Kochen mit reichlich veränderten Mengenangaben nötig. Mit der Zeit bekamen wir natürlich auch ein Gefühl für diese Art zu kochen, wobei wir versuchten, das Raffinierte, das für uns Exotische, ja auch das fremd Wirkende zu belassen.

Dazu mußten wir uns intensiv mit der Herstellung und dem Geschmack einiger Grundzutaten auseinandersetzen, die in den Rezepten des Apicius immer wieder vorkommen. Wie schon in der Einleitung ausgeführt, besteht in der altrömischen Küche die Tendenz, den Eigengeschmack der Nahrungsmittel nicht hervorzuheben, sondern ihn zu verfremden. Wir glauben aber, daß dies (wie in der gehobenen mediterranen Küche heute auch) ein sehr feines, ausgewogenes Würzen vor allem mit den zahlreichen frischen Kräutern nicht ausschließt. Auf keinen Fall ist man gezwungen, den Eigengeschmack von Fisch oder Fleisch irgendwie totzuschlagen.

In fast allen Rezepten kommt *liquamen* vor, das klassische griechische Wort dafür ist *garum*. Es handelt sich dabei um eine Art Fischsauce, die von den Römern offenbar so gebraucht wurde wie in Deutschland oder der Schweiz noch vor einem Jahrzehnt das «Maggi». Wie dieses war es wohl ein Salzersatz und man würzte alles ein bißchen damit. Hergestellt wurde es aus kleinen Fischen nach folgendem Rezept:

*«Man nehme kleine Sprotten, Anchovis oder Makrelen, zerstoße und mische sie in einem Backtrog. Dann schütte man Salz hinein, auf neun Kilo Fischmasse ein Kilo, rühre um und lasse alles eine Nacht stehen. Dann stelle man alles in einem offenen Tongefäß einige Monate in die Sonne.»* (nach Varro und Columella)

Was herauskam, war eine gegärte, goldgelbe bis braune Flüssigkeit, die auch in großen Fabriken hergestellt wurde – besonders bekannt waren dafür Pompeji und Lepta Magna. Vermutlich wird es den meisten Lesern dieses *Liquamen*-Rezepts wie uns gegangen sein: Wir stellten uns den Geruch dieser Würzbrühe vor und schon war uns der Appetit auf Altrömisches verdorben.

Aber dann dachten wir daran, daß sich auch heute jedem von uns beim Besuch einer Fabrik, die «Maggi» oder Ähnliches herstellt, der Magen ebenfalls umdreht, das eigentliche Endprodukt aber ganz appetitlich riecht. Den Anregungen von Elisabeth Alföldi-Rosenbaum (S. 12f.; vgl. Bibliographie) folgend, sahen wir uns darauf ein «Schnellrezept» für *liquamen* an:

*«Wenn man ‹garum› schnell herstellen will, d.h. nicht durch Sonneneinwirkung, sondern durch Kochen, soll man es so machen: Bereite Salzlake in einer Stärke, daß ein rohes Ei daraufschwimmt. Dann wirf kleine Fischchen hinein, dazu Oregano und koche dies, bis die Flüssigkeit eingekocht ist.»* (Geoponika 20. 46. 5)

Dann soll man noch *defrutum* (siehe weiter unten) hinzugeben, die Brühe abkühlen lassen und mehrmals durch ein feinmaschiges Sieb geben. Man erhält eine klare, goldgelbe bis braune Flüssigkeit, die uns von ihrem Aussehen her sehr an Sojasauce erinnerte, von ihrem Geschmack her an fernöstliche Fisch- oder Austernsaucen. Wir überlassen es jedem, ob er sich *liquamen* nach obigem Muster selbst herstellen will. In unseren Rezepten haben wir es durch verschiedene, leicht erhältliche Produkte ersetzt: Vietnamesische Fischsauce, Austernsauce oder gar salzige Sojasauce, gelegentlich haben wir stattdessen Anchovispaste in die Saucen gerührt und gelegentlich einfach nur gesalzen. Denn in manchen Rezepten des Apicius finden wir die Bemerkung «*liquamen* oder Salz».

In einigen Rezepten sollen Fleisch oder Gemüse in Meerwasser gekocht werden. Interessant ist sicher, daß das Meerwasser auch im Binnenland verfügbar war, weil es in den Küstenorten entsprechen präpariert wurde. Cato beschreibt in seinem Buch *De agricultura,* daß etwa 26 Liter Meerwasser mit ¾ kg Salz und gut 6 Liter Wein vermischt wurden. Das Ganze wurde in Gefäße gegossen, die man mit Pech verschloß, und war so längere Zeit haltbar. Diese doch recht scharfe Meerwassermixtur wurde vermutlich nicht so zum Kochen genommen, sondern dem normalen Kochwasser beigemischt. Wenn wir dem Ganzen nahekommen wollen, können wir gezielt Meersalz für unser Kochwasser verwenden. Wir haben in unseren Rezepten hier einfach nur Salz angegeben.

Mehr Probleme als das Salzen hat uns eigenartigerweise das Süßen bereitet. In den Rezepten des Apicius wird oft und gerne Honig zum Süßen und zum Mildern der Gerichte empfohlen. Man sollte Naturhonig nehmen und ihn im Wasserbad flüssig machen, bevor man ihn unter die Saucen mischt. Dies auch deshalb, weil die römische Küche mit den unterschiedlichsten Honigsorten versuchte, den einzelnen Gerichten zusätzliche Duft- und Geschmacksvarianten zu geben. Wenn man den Honig aber zu sehr erhitzt, verflüchtigen sich die Duftstoffe. Auf jeden Fall ist beim Süßen mit Honig aber große Vorsicht angeraten. Wir haben beim Ausprobieren öfter ein Gericht durch zu viel Honig verdorben als durch zu viel Anchovispaste. Vor allem bei den Desserts zeigte sich, daß die Römer das Süße in einem Maße liebten, das im kalorienbewußten ausgehenden 20.Jahrhundert nicht mehr so geschätzt wird. Gelegentlich haben wir den Honig ersetzt, etwa durch einen Marsala, durch Datteln, Feigen, Pflaumen oder Birnendicksaft.

Wenn die Saucen gebunden werden sollten, so hat Apicius dafür als Bindemittel das *amulum* genannt. Nach Plinius wurde es aus Weizenmehl gemacht. Wir sind aber sicher, daß es durch alle Arten von heute üblichen Stärkemehlen wie «Mondamin», «Maizena» usw. ersetzt werden kann.

Ein süßer Aperitifwein, das *mulsum,* wird auch in manchen Rezepten genannt. Nach Columella ist es ein süßer, mit viel Honig vermischter Süßmost, der dann fermentiert wird. Plinius schlägt vor, *mulsum* aus einer Mischung von Wein und Honig zu machen. Wir haben einen sehr trockenen, herben Weißwein mit einem Esslöffel flüssigen Honigs gemischt und beides im Mixbecher so lange geschüttelt, bis der Honig völlig aufgelöst war. Falls man die Mischung eine Weile kaltgestellt hat, kann man an heißen Tagen seine Gäste mit einem Schluck *mulsum* zum altrömischen Menu begrüßen.

Weit wichtiger für unsere Rezepte sind aber andere Weinrezepturen. Da gab es zunächst Wein oder Traubensaft, der bereits mehr oder weniger eingekocht war. Im Kochbuch des Apicius finden wir dazu die Bezeichnungen *defrutum, caroenum* und gelegentlich auch *sapa.* Vermutlich sind dies Abstufungen für den Grad des Einkochens, wobei sich die verschiedenen Schriftsteller über das genaue Maß nicht einig sind. Es scheint so, daß *defrutum* auf zwei Drittel seines ursprünglichen Volumens, *caroenum* auf etwa die Hälfte und *sapa* auf ein Drittel eingekocht wird. Wir haben für *defrutum* Traubensaft – rot oder weiß je nach Art des Gerichtes –, für *caroenum* Portwein oder Marsala genommen, der Grad des Eingedicktseins war uns weniger wichtig.

Ein anderer, bei Apicius gelegentlich genannter Kochwein ist das *passum*, das eine Art sehr süßer Trockenbeerenmost gewesen sein muß. Wir haben stattdessen einen sehr süßen spanischen Wein, einen Marsala oder einen schweren Tokaier genommen.

Die altrömische Küche arbeitet wie die heutige italienische gerne mit viel frischen Gewürzen. Schon bei Catos Werk über die Agrikultur wird die sorgfältige Pflege des Kräutergärtleins ausführlich beschrieben. Welche dieser heimischen Kräuter gerade bei den Köchen besonders beliebt waren, unterlag, wie heute, vermutlich Modeströmungen.

Zur Zeit des römischen Imperiums war das beliebteste Würzkraut offenbar Liebstöckel, zumindest in der gehobenen Küche. Kaum ein Rezept des Apicius, in dem es nicht vorkommt. So wie heute viele Köche über alles und jedes «Maggi»-Flüssigkeit geben, war damals Liebstöckel unentbehrlich. Ebenso beliebt war offenbar Pfeffer. Viel verwandt wurden auch Bohnenkraut, Fenchelsamen, Koriander, Kümmel, Kreuzkümmel, Minze, Oregano, Petersilie, Selleriesamen und Zwiebeln.

Selten – und das hat uns eigentlich verwundert – trifft man Basilikum und Knoblauch an. Noch erstaunlicher aber ist, daß die für uns doch so typisch südländischen Gewürze wie Rosmarin und Salbei nicht erwähnt werden. Bei Salbei wissen wir immerhin, daß er als Heilkraut verwendet wurde. Entweder waren diese Gewürze in der ländlichen, altrömischen Volksküche sehr verbreitet und die imperial geprägte Küche der Hauptstadt wollte sich davon distanzieren oder sie wurden wie selbstverständlich immer verwendet. Wir haben – nachdem wir mit den bei Apicius erwähnten Würzmischungen fast durchwegs gute Ergebnisse erzielten – von uns aus zusätzlich keine anderen Gewürze benutzt.

Wir besorgten die Kräuter wenn immer möglich frisch. Am besten natürlich aus dem eigenen Kräutergarten, aber inzwischen erhält man auch die in unseren Rezepten häufigsten Kräuter das ganze Jahr über frisch. Um nichts vom Aroma der Kräuter zu verlieren, sollte man sie nur mit sehr scharfen Messern schneiden. Noch besser – wenn auch mühsamer – ist es, sie mit den Fingern auseinanderzuzupfen. Wenn sie sehr fein gehackt werden sollen, dann am besten mit einem scharfen Wiegemesser. Da der Pfeffer in den altrömischen Rezepten eine wichtige Rolle spielt, würden wir empfehlen, ihn immer frisch zu mahlen, da so der Geschmack voll erhalten bleibt.

Manchen Gewürzen ist außerordentlich schwierig nachzuspüren. Ein besonders berühmtes (und auch teures, daher besonders geschätztes) Gewürz war das Silphium, das bei Apicius öfters genannt wird. Es kam wohl, wie Darstellungen auf Reliefs und Münzen zu entnehmen ist, aus der Cyrenaika, war aber vermutlich in dieser Form schon zu Plinius' Zeiten ausgestorben. Auch aus Persien soll dieses Gewürz gekommen sein, vermutlich ist es mit unserem Teufelsdreck verwandt. Der daraus entwickelte Asant, ein scharf riechendes Pulver, wird deshalb von uns als Ersatz benutzt.

Gerade bei exotischen Gewürzen sind ja die Geschmäcker sehr verschieden. So waren sich die beiden Köche über den Asant – in manchen Gewürzlexika wird er auch als «Stinkasant» bezeichnet – gar nicht einig: Während ihn der eine (HPvP) über alles liebte, konnte ihn der andere (WF) wegen seines schwefelähnlichen Geruchs gar nicht – wie es im Schwyzerdütsch heißt – «schmöcken». Die Gäste waren ähnlich geteilter Meinung. Immerhin, wenn Asant erhitzt wird, verflüchtigt sich der intensive Geruch und übrig bleibt ein angenehmer, zwiebelartiger Duft. In diesen und ähnlichen Fällen haben wir im Rezept dann oft eine Ersatzmöglichkeit (im Fall des Asant eine sehr feingehackte Schalotte) angeboten.

Manchmal finden wir bei Apicius die Anweisung, man solle mit diesen oder jenen Gewürzen umrühren, etwa mit einem Bündel Thymian und Oregano. Persönlich fanden wir diese Vorschrift etwas übertrieben, haben sie aber so interpretiert, daß ein Hauch dieser Gewürze im Gericht enthalten sein sollte. In den meisten Fällen haben wir statt des Umrührens angegeben, die entsprechenden Gewürze zusammengebunden eine Weile oder ganz mitkochen zu lassen.

Einige wenige Kräuter und Gewürze waren auch in Spezialgeschäften nicht oder nur sehr schwer aufzutreiben. In diesen Fällen ersetzten wir sie durch Produkte mit ähnlichem Aroma. Als Beispiel mag die Raute dienen: Sie ist zartbitter im Geschmack. In Italien findet man sie in fast allen Gärten. Dort wird sie unter der Bezeichnung *Erba Ruta* auch dem Traubenschnaps «Grappa» beigegeben. In der Schweiz aber ist sie nur mit Rezept in Apotheken erhältlich. Wir mußten deshalb zu unserem Hausarzt rennen, der uns dann – gegen eine Flasche Wein und eine Einladung zum römischen Essen *(O tempora, o mores!)* – ein Rezept ausstellte. Die Raute wurde in ganz Europa in der Pflanzenheilkunde verwandt. Sie wirkt als Stimulans, aber auch abtreibend. Bei falscher Anwendung können Leber- und Nierenschäden entstehen. In kleinen Mengen aber gibt sie den Gerichten eine interessante Note. Wir ersetzten die Raute je nachdem mit bitteren Aperitifs wie Cynar, Campari oder Vermouth.

Schwierigkeiten hatten wir gelegentlich auch mit der Identifizierung der bei Apicius genannten Gemüse, da sich zuweilen nicht einmal die verschiedenen Übersetzer und Lateinlexika einig sind. Wir schlossen uns auch hier – da wir in diesem Bereich sicher nicht über die nötige Sachkompetenz verfügen – den überzeugendsten Argumenten der Spezialisten an. Vermutlich ist das eigentliche Problem aber kein philologisches, sondern hat damit zu tun, daß sich die Nutzpflanzen in fast 2000 Jahren durch Züchtung, Umwelt und diverse Klimaschübe sicher verändert haben. Für unser Vorgehen bei solchen Schwierigkeiten ein Beispiel: Eines der frühesten Gemüse war der Kohl, der in der ganzen Mittelmeerwelt bekannt war.

Aber welche Sorten gab es, welche bevorzugten die Römer der Kaiserzeit? War etwa der *cyma,* wie einige Übersetzer meinen, unserem heutigen Brokkoli sehr ähnlich? Und sind die *culiclos* Kohlsprößlinge, also junger Kohl, sind damit Kohlköpfe gemeint oder handelt es sich um langstielige Sorten mit breiten Blättern, etwa dem heutigen Chinakohl ähnlich? Wir haben hier einfach ausprobiert und geben dann (mit möglichen Variationen) das an, was unserer Meinung nach am besten zum übrigen Rezept paßte und – wir geben es zu – uns am besten schmeckte.

So werden einige Rezepte etwa für *cucurbitas* angegeben, was sicher zutreffend mit Kürbis übersetzt wird. Die Kürbisart, die sich nicht nur u. E. (vgl. auch Alföldi-Rosenbaum, S. 34) für die angegebenen Gerichte eignet, sind die Zucchini, in der Schweiz auch als Zucchetti bekannt. Wir haben uns in diesem und in anderen Fällen die Freiheit herausgenommen, solche Zuordnungsprobleme weniger als Philologen – auch wenn deren Aspekt natürlich wichtig ist – denn als Köche zu entscheiden.

Im Kochbuch des Apicius hat es vielleicht Abbildungen gegeben, es gibt darauf an ein, zwei Stellen Hinweise. Überliefert sind sie aber nicht. Dagegen gibt es zahlreiche kulinarische Bilder auf Mosaiken und Fresken, die uns vermuten lassen, daß die Römer auch mit den Augen aßen. Wir denken, daß das schöne Anrichten und Garnieren ein wesentlicher Teil einer römischen Einladung sein sollte, und haben deshalb manche Rezepte durch entsprechende Vorschläge ergänzt.

Ebenso wie jegliche Mengenangaben fehlen bei Apicius meistens Anweisungen, wie man die Nahrungsmittel herrichten soll. Soll das Gemüse in Ringen, Scheiben oder Vierteln gekocht und angerichtet werden? In solchen Fällen haben wir uns zunächst überlegt, wie man heute das entsprechende Nahrungsmittel verarbeiten kann, so daß seine Konsistenz und sein Eigengeschmack (sofern dies der altrömischen Intention nicht widerspricht) möglichst erhalten bleiben. Zudem sollte das Ganze auch etwas für das Auge hergeben, also dekorativ angerichtet werden können. Ergaben sich dann noch immer mehrere Möglichkeiten, haben wir diese variiert. So kommen etwa die Zucchini in Streifen, Ringen oder gestiftelt vor.

Alle Rezepte stammen aus dem Kochbuch des Apicius, wobei wir versucht haben, vor allem die herauszupicken, die einerseits – wenn auch mit Arbeitsaufwand verbunden – gut nachkochbar sind, andererseits aber noch jenen Hauch von Exotik anklingen lassen, die eine altrömische Einladung für die Gäste zu einem Erlebnis macht. Von dieser Mittellinie sind wir hin und wieder abgewichen: Natürlich gibt es *auch* ein paar Fleisch- oder Gemüsespeisen, die der heutigen mediterranen Küche sehr ähneln. Daneben haben wir auch sehr ungewöhnliche, gelegentlich skurril wirkende Rezepte – oft nur im Original – abgedruckt, um auch von dieser Seite der römischen Gastronomie eine Ahnung zu geben. Wir haben auch – nicht nur um unserer Dokumentationspflicht zu genügen – Speisen mit Nahrungsmitteln, die heute zwar erhältlich, aber nicht mehr so beliebt sind, aufgenommen. Dabei handelt es sich vor allem um Innereien und heute als nicht mehr so wertvoll geltende Tierteile, die aber – so sparsam war das kaiserliche Rom – nicht einfach weggeworfen wurden. Hierzu soll ein Punkt noch besonders erwähnt werden: Wie im Rezeptteil ersichtlich, verwandte Apicius oft und gerne Hirn. In Deutschland und vor allem der Schweiz ist beim Metzger heute fast kein Hirn mehr zu bekommen, der Grund ist die Angst vor der BSE-Seuche. Deshalb geben wir in den Rezepten immer Alternativen, etwa Kalbsbries statt Kalbshirn, an.

Mit der sinnvollen Zuordnung der einzelnen Rezepte in überschaubare Kapitel haben wir uns ebenso schwer getan wie der letzte römische Redakteur des Kochbuchs: ein Anonymus, der – so zeigen zahlreiche Abschreibfehler oder die Unkenntnis einzelner Zutaten – vom Kochen herzlich wenig verstand. Er hat die vorgefundenen Rezepte in zehn Kapitel gegliedert, wobei sich in den einzelnen Abschnitten dann doch – man verzeihe das schräge Bild – eben «Kraut und Rüben» fröhlich vereint finden. Wir haben demgegenüber eine moderne Gliederung nach Sachgebieten versucht, das alphabetische Verzeichnis am Schluß des Buches mag zusätzlich die Suche erleichtern.

Manche Rezepte ähneln einander sehr, einige sind fast identisch. Dies hat wohl einen literaturgeschichtlichen und einen kulinarischen Grund. Vermutlich haben manche Bearbeiter ihr Werk aus mehreren Quellen zusammengestellt und dabei gar nicht bemerkt, daß sie zuweilen ein Rezept in zwei wegen Abschreibfehlern leicht unterschiedlichen Versionen aufführten. Wir vermuten allerdings auch, daß schon im alten Rom jene mediterrane Eigenart vorhanden war, ein Grundgericht in unzähligen Variationen zu kochen – man denke nur an all die Arten, Spaghetti zuzubereiten. Wir haben deshalb von denjenigen Rezepten aus dem «Apicius», die einander doch sehr ähneln, immer nur eines genommen. Manche Saucen, die für einen ganz bestimmten Fisch oder ein ganz bestimmtes Fleisch angegeben sind, taugen auch sehr gut für verwandte Nahrungsmittel. Aber das kann jeder selbst ausprobieren.

Bei jedem der Rezepte ist oben die Übersetzung des römischen Originals zu finden. Dabei handelt es sich weder um *das* Original noch um *die* Übersetzung. Von manchen Rezepten gibt es mehrere Versionen; die oft verstümmelten und nicht immer eindeutigen Texte werden von den verschiedenen modernen Bearbeitern unterschiedlich übersetzt und gedeutet. Wir haben hier diese Übersetzungen verglichen und in strittigen Fällen den Text gewählt, der uns aus unserer durch das Nachkochen erwachsenen Erfahrung am wahrscheinlichsten erschien. An einigen wenigen Stellen haben wir in Klammern eine erläuternde Anmerkung gemacht. Wir halten aber den übersetzten Text des Apicius für wichtig, denn durch den Vergleich mit unseren daraus entstandenen Rezeptvorschlägen sind so unsere Gedankengänge für alle Leserinnen und Leser nachvollziehbar und auch kritisierbar. In wenigen Fällen haben wir nur den Originaltext stehen lassen, weil vorher oder nachher ganz ähnliche, von uns ausprobierte und mit Mengenangaben versehene Rezepte stehen. Wir haben, weil wir das für eine wichtige Information halten, bei jedem Rezept noch die Vorbereitungs- und Kochzeit angegeben.

Wir sind davon ausgegangen, daß es sich bei der römischen Küche um eine imperiale *haute-cuisine* handelt, die so ziemlich alles an Nahrungsmitteln, Zutaten und Gewürzen, aber auch an Kocherfahrung aufnahm, was die Länder des Reiches zu bieten hatten. Dabei kam es wohl zu den Übersteigerungen, die dann die Philosophen anprangerten und die auch in der Einführung beschrieben sind. Aber sicher wird es auch Gourmets gegeben haben, die sehr wohl ohne all diese Kinkerlitzchen auskamen.

Gewiß liebten die Römer viele, möglichst unterschiedlich und gelegentlich auch exotisch schmeckende Saucen, die sie dann zu den relativ einfach gekochten Fleisch- oder Fischgerichten reichten. Vermutlich – so stellten wir uns das zumindest vor – ging es manchmal zu wie bei einem heutigen amerikanischen Barbecue, wo die vielen Sößchen und Zutaten den – oft im wahren Sinn des Wortes – Pfeffer ausmachen. In vielen Fällen gibt das altrömische Kochbuch wohl deshalb nur «Sauce zu gekochtem Huhn, zu Kalbfleisch etc.» an und verschwendet keine Zeile darauf, wie denn nun das Huhn oder das Kalbfleisch gemacht wurde. Das brauchte man dem dümmsten Koch nicht zu erklären. Wir haben deshalb in einigen Fällen, etwa bei den Rinderschnitzeln, eine Variante angegeben, wie damals – und das unterscheidet sich schon von heute – die Zubereitung ausgesehen haben mag. Bei gegrilltem Fisch oder Fleisch erschien uns das allerdings überflüssig.

Das Kochbuch des Apicius bietet – wie erwähnt – ursprünglich keine genauen Maßangaben. Die wenigen Zahlen, die freilich nur bei einigen Rezepten stehen, sind vermutlich erst durch spätere Bearbeiter eingefügt. Beim Nachkochen haben wir gesehen, daß man fast immer Mischungen finden kann, die sehr feine Geschmacksnuancen bieten. Vermutlich würzten die Römer ein bißchen schärfer, aber man würde den Köchen des Apicius und Lucullus sicher Unrecht tun, wenn man glaubte, sie hätten ihre Speisen grausam überwürzt. Selbst die Fischsauce – wir haben eine kleine Menge einmal aus Anchovis nach obigem Rezept (S. 22) hergestellt – kann in kleinen Mengen durchaus pikant wirken. Kurz und gut, wir sind davon ausgegangen, daß die vornehmen Römer im ersten nachchristlichen Jahrhundert im Prinzip eine wohlschmeckende Küche hatten, auch wenn nicht alles unseren heutigen Vorstellungen entspricht und wir – auch wegen der Andersartigkeit von Grundnahrungsmitteln, Zutaten und Gewürzen – viele Speisen nicht goutieren würden oder wir uns zumindest erst sehr langsam an sie gewöhnen müßten.

Hier – und nicht in den Übertreibungen und Übersteigerungen, die immer und überall vorkommen – bestand für uns das eigentliche Problem.

Deshalb haben wir versucht, einen Mittelweg zu gehen. Wir haben Gewürze und Zutaten so eingesetzt oder auch ersetzt, daß sie unserem Geschmack nicht allzu fremd vorkommen, aber wir haben die Gerichte auch nicht völlig angepaßt. Jede der Speisen soll wenigstens ein wenig überraschend, ein wenig exklusiv und auch exquisit sein. Jemand, der diese Gerichte nachkocht und so für seinen Freundeskreis ein altrömisches Menü zusammenstellt, soll etwas wirklich besonderes bieten können, eine Art *nouvelle cuisine Romaine.* Wir hoffen sehr, daß uns das mit unserem Kochbuch gelungen ist.

Zur Erleichterung haben wir bei jedem Rezept Vorbereitungs- und Kochzeit angegeben, die Maßeinheiten sind 1 EL = 1 Eßlöffel, 1 TL = 1 Teelöffel, 1 MS = 1 Messerspitze.

## Suppen, Eier und andere Vorspeisen

*Herdstelle mit Kochtöpfen in der Küche vom «Haus der Vettier» in Pompeji*

## Römische Fleischklößchensuppe
### *Hydrogarate isicia*

**Verreibe Pfeffer, Liebstöckel und ein wenig Bertram, gib Fischlake dazu, mildere es mit Regenwasser, solange es einzieht, schütte es in einen Topf, gib Frikadellen hinzu, hänge das Gefäß über das Feuer und lasse das Ganze gar werden. Dann trage es zum Schlürfen auf die Tafel.**

Vorbereitung: 5 Min.
Kochzeit: 10 Min.

Für vier Personen:

Für die Fleischklößchen:

| | |
|---|---|
| 2 | Scheiben Toastbrot ohne Kruste |
| 300 g | gehacktes Rind |
| 1 MS | Asant |
| | Salz und Pfeffer |
| 1 | Ei |
| 1 TL | Austernsauce |

Für die Suppe:

| | |
|---|---|
| 1 EL | feingehackter Liebstöckel |
| 1 MS | Pyrethrum oder |
| 1 | Prise Cayenne-Pfeffer |
| 1 EL | vietnamesische Fischsauce |
| 1 l | Bouillon |

Zubereitung: Zuerst das Toastbrot zerbröseln, mit dem Fleisch, dem Ei und den Gewürzen mischen, etwas ziehen lassen. Währenddessen Pfeffer, Liebstöckel und sehr wenig Pyrethrum mischen, in die Bouillon geben. Nach dem Aufkochen die Fischsauce hinzugeben. Wenn die Brühe leicht köchelt, aus der Fleischmasse kleine Klößchen formen und ca. 10 Minuten ziehen lassen.

Im Originalrezept wird keine Brühe genannt, sondern es geht nur um das *hydrogarum,* also mit *liquamen* gemischtes Wasser. Zusammen mit den Gewürzen entsteht eine eigenartige Mischung, die u. E. durchaus mit Bouillon zu verbessern ist. Wir haben dafür sicher weniger *liquamen* als in Rom üblich genommen.

## Würzsuppe
*Esicia amulata*

**Verreibe Pfeffer, Liebstöckel, etwas Majoran, Asant, ganz wenig Ingwer und etwas Honig, mische es dann mit Fischlake, lasse die Fleischstücke damit gar kochen, binde die Brühe mit Mehl und trage das Gericht zum Schlürfen auf.**

Vorbereitung: 10 Min.
Kochzeit: 2 Std. 10 Min.

Für vier Personen:

| | |
|---|---|
| 1 kg | Ochsenschwanz |
| 1 l | Wasser |
| 1 | Zweig Liebstöckel |
| 1 | Zweig Majoran |
| ½ TL | Asant oder 1 Zwiebel |
| 1 MS | Ingwer |
| ¼ TL | Pfeffer |
| ½ TL | Honig |
| 2 EL | Fischsauce |
| 1 EL | Butter |
| 2 EL | Mehl |
| | Salz und Pfeffer |

Zubereitung: Den Ochsenschwanz in Stücke schneiden und in kaltes Wasser geben. Liebstöckel- und Majoranblätter, Asant oder die gehackte, in Butter angedämpfte Zwiebel, gemahlenen Ingwer und Pfeffer, Honig und Fischsauce dazugeben und ca. 2 Stunden köcheln lassen. Hie und da abschäumen. Die Butter in einem Topf erhitzen, Mehl dazurühren und anziehen lassen. Die Suppe dazusieben, das Fleisch von den Knochen lösen, klein schneiden und wieder in die Suppe geben. Nochmals 10 Minuten aufkochen. Mit Salz und Pfeffer abschmecken. Sehr heiß servieren.

*Das Tischgedeck der römischen Oberschicht: Silbergeschirr aus Pompeji. Neapel, Museo Nazionale*

*Stilleben mit Eiern, Rebhühnern, verschiedenen Gefäßen und einem Küchentuch. Wandmalerei aus Pompeji. Neapel, Museo Nazionale*

*Brotverkauf in einer Bäckerei. Die Ladentheke steht außerhalb des Geschäftes auf der Straße. Wandmalerei aus Pompeji. Neapel, Museo Nazionale*

## Gemüsesuppe gegen Bauchschmerzen
*Pulmentarium ad ventrem*

**Gib rote Rüben und frische Lauchstengel, gesäubert und zerkleinert, in den Kochtopf, füge *liquamen,* zerriebenen Pfeffer, Kümmel und – damit es milder schmeckt – etwas eingekochten Wein hinzu, lasse es gut durchkochen und serviere es heiß.**

Vorbereitung: 10 Min.
Kochzeit: 15 Min.

Für vier Personen:

| | |
|---|---|
| 3 | gekochte rote Rüben (Randen) |
| 2 | Lauchstengel |
| 1 l | Rinderbouillon |
| 2 EL | Sojasauce |
| ¼ TL | Pfeffer |
| ¼ TL | Kümmel |
| 1 EL | Marsala |
| 3 EL | saurer Halbrahm (evtl.) |

Zubereitung: Die gekochten Randen schälen und in kleine Würfel schneiden, die Lauchstengel zu feinen Rädchen schneiden. Die Bouillon aufkochen, Sojasauce, gemahlenen Pfeffer, Kümmel, Marsala und das Gemüse dazugeben und ca. 15 Minuten kochen. Wenn man das alles noch mit saurem Halbrahm verfeinert, kommt eine interessante Gemüsesuppe heraus, deren Wirkung gegen Bauchschmerzen wohl doch eher Glaubenssache denn wissenschaftlich erwiesen ist.

## Gerstensuppe
*Tisanam*

**Wasche und zerstampfe die Gerste, die du einen Tag vorher einweichst. Setze sie auf eine heiße Flamme. Wenn sie kocht, gib ausreichend Öl, ein kleines Bündel Dill, eine Zwiebel, Bohnenkraut und Hüftknochen vom Schwein (Eisbein?) dazu. Lasse dies alles mit der Gerste kochen, um eine dicke Brühe zu erhalten. Gib frischen, zusammen mit Salz gestoßenen Koriander hinzu und laß es aufkochen. Wenn alles gut gekocht hat, nimm das Bündel Dill heraus und gib die dicke Gerstensuppe so in einen anderen Topf. Rühre sie gut durch und passiere sie durch ein Sieb auf das Eisbein. Stampfe nun im Mörser Pfeffer, Liebstöckel, etwas getrocknete Poleiminze, Kümmel und gemahlenes Silphium. Gieße dazu Honig, Essig, *defrutum* und *liquamen,* gieße es in den Topf und lasse alles auf kleiner Flamme kochen.**

Vorbereitung: 15 Min. und 12 Std. Einweichzeit
Kochzeit: 2 ½ Std.

Für vier Personen:

| | | | |
|---|---|---|---|
| 2 l | Wasser | ½ EL | Liebstöckel |
| 100 g | Gerste | ½ EL | Zitronenmelisse |
| 2 EL | Olivenöl | ¼ TL | Kümmel |
| 1 | Zwiebel | 1 | Briefchen Safran |
| 1 | Lorbeerblatt | 1 TL | Honig |
| 1 | Nelke | 1 EL | Essig |
| 1 | Zweig Dill | 2 EL | Marsala |
| 1 | Zweig Bohnenkraut | 1 EL | Salz |
| 400 g | Eisbein oder 200 g Rippli | ½ TL | Pfeffer |
| 1 EL | Koriander | | |

Zubereitung: Die Gerste am Vortag einlegen. Das Wasser aufkochen und die Gerste einlaufen lassen. Öl, eine mit einer Nelke und einem Lorbeerblatt besteckte Zwiebel, ein Bündel aus Dill und Bohnenkraut und Eisbein oder Rippli beifügen. Nach 2 Stunden Kochzeit das Dillbündel und die Zwiebel entfernen. Das Eisbein oder Rippli in mundgerechte Stücke schneiden. Wer will, kann nun die Suppe fein oder weniger fein mixen (uns schmeckte die leicht körnige Version etwas besser). Die fein gehackten Koriander, Liebstöckel, Zitronenmelisse, Kümmel sowie Safran, Honig, Essig, Marsala, Salz und Pfeffer hinzugeben. Alles gut verrühren, aufkochen und heiß servieren.

*Verschiedene römische Vorspeisen: Kleingebäck, Weinbergschnecken, Eier, Oliven, Saucen und Gemüse. Aufnahme im Römerhaus Augst bei Basel*

## Suppe à la Julianus
*Pultes Julianae*

**Weiche groben Grieß oder Weizengrütze in Wasser ein; dann bringe dies zum Kochen. Wenn es kocht, gib Öl dazu, und wenn es dick wird, rühre es glatt. Nimm zwei gekochte Hirne und 250 g gehacktes Fleisch – gehackt wie Bouletten –, hacke und mische dies zusammen und gib es in einen Topf. Zerstampfe Pfeffer, Liebstöckel und Fenchelsamen, gieße *liquamen* und etwas Wein dazu und gib es in den Topf mit dem Hirn und dem gehackten Fleisch. Wenn es gar ist, verdünne es mit etwas Fleischbrühe. Vermische dann die Grütze mit dieser Hirn- und Fleischmischung, indem du letztere löffelweise nach und nach in die Grütze einrührst, bis das Ganze eine glatte, dicke Suppe wird.**

Vorbereitung: 10 Min. und 3 ½ Std.
Kochzeit: 30 Min.

Für vier Personen:

| | | | |
|---|---|---|---|
| 1 l | Wasser | ¼ TL | Pfeffer |
| 1 TL | Salz | 1 MS | Fenchelsamen |
| 2 EL | Grieß | 1½ EL | Liebstöckel |
| 2 EL | Olivenöl | 2 EL | Sojasauce |
| 100 g | Kalbshirn oder Kalbsbries | 1 dl | Rotwein |
| 150 g | gehacktes Rind- oder Schweinefleisch | | |

Zubereitung: Wasser mit Salz zum Kochen bringen und Grieß einlaufen lassen, Öl hinzugeben und 15 Minuten kochen lassen. Das Hirn oder Bries wird wie im Rezept «Alltags-*patina*» (S. 143) zubereitet. Dann hackt man es und mischt es mit dem Hackfleisch. Den gemahlenen Pfeffer und die zerriebenen Fenchelsamen, den gehackten Liebstöckel, die Sojasauce und den Wein dazugeben. Diese Mischung nach und nach löffelweise unter die Grießsuppe heben, diese dann nochmals 15 Minuten kochen lassen. Mit Salz und Pfeffer abschmecken.

Bei der *alica* genannten Weizengrütze muß es sich um eine sehr harte Weizenart – etwa Dinkel – gehandelt haben. Wir können sie aber gut durch Grieß oder Weizengrieß ersetzen. Das Rezept ist sicher erst nachträglich eingefügt, es handelt sich offenbar um eines der eher «einfachen» Rezepte. Darauf deutet auch der Name hin, welcher sich entweder auf Kaiser Didius Julianus (193 n. Chr.) oder Julian Apostata (360–363 n. Chr.) bezieht, denen beiden eine Vorliebe zu einfacher, naturnaher Kost nachgesagt wurde.

## Gemüsevorspeise
*Gustum de holeribus*

**Schmore Zwiebeln in *liquamen*, Öl und Wein. Wenn sie gar sind, gib Schweineleber und zerschnittene Hühnerbeine und -flügel hinzu. Lasse alles zusammen noch einmal kochen. Wenn es gar ist, zerstampfe im Mörser Pfeffer und Liebstöckel, befeuchte dies mit *liquamen*, gieße Wein hinzu und *passum* zum Süßen sowie etwas dicke Zwiebelbrühe. Sobald die Mischung wieder kocht, dicke sie mit *amulum* an.**

Vorbereitung: 15 Min.
Kochzeit: 30 Min.

Für vier Personen:

| | | | |
|---|---|---|---|
| 800 g | Gemüsezwiebeln | 200 g | Schweineleber |
| ¼ l | Weißwein | 1 EL | Distelöl |
| 2 EL | Distelöl | 1 MS | Pfeffer |
| 2 EL | Austernsauce | 1 EL | Liebstöckel |
| 400 g | Hühnerflügel und -beine | 2 EL | Austernsauce |
| 1 EL | Distelöl | 4 EL | Marsala |
| ¼ l | Weißwein | 2 TL | Maispulver |
| 4 EL | Sojasauce | 3 EL | Weißwein |

Zubereitung: In einem Topf die ganzen, geschälten Zwiebeln ca. 20 Minuten in Wein, Öl und Austernsauce kochen lassen. Gleichzeitig in einer Pfanne die Hühnerteile anbraten, mit Wein und Sojasauce ablöschen und sie dann noch 15 Minuten weiterkochen lassen. Die Schweineleber in mundgerechte Stücke schneiden und ebenfalls kräftig anbraten. Alle Zutaten mit gemahlenem Pfeffer, gehacktem Liebstöckel, Austernsauce und Marsala mischen, nochmals aufkochen lassen und mit in Wein aufgelöstem Maispulver binden.

Im lateinischen Text werden nicht unsere Zwiebeln, sondern *bulbi* – d. h. Blumenzwiebeln – genannt. In der Antike waren angeblich besonders die Gladiolenzwiebeln beliebt. Dies scheint uns nicht nur relativ teuer; nach Auskunft von Experten sind unsere heutigen Sorten auch bitter bis ungenießbar. Wir haben deshalb große Gemüsezwiebeln verwendet.

## Vorspeise von Aprikosen
*Gustum de praecoquiis*

**Nimm kleine, feste Aprikosen. Reinige und entsteine sie und lege sie in kaltes Wasser. Dann gib sie in die Pfanne. Zerstampfe Pfeffer und getrocknete Minze, netze dies mit *liquamen*, füge Honig, *passum*, Wein und Essig hinzu. Gieße dies über die Aprikosen in die Pfanne, gib ein wenig Öl dazu und lasse es über kleinem Feuer schmoren. Wenn es kocht, binde es mit *amulum*. Bestreue mit Pfeffer und serviere.**

Vorbereitung: 10 Min.
Kochzeit: 15 Min.

Für vier Personen:
750 g Aprikosen
2 EL Honig
4 EL Marsala
1 EL Weißwein
½ EL Kräuteressig
½ EL Walnussöl
2 EL Minze
1 MS Salz
1 MS Pfeffer
1 TL Maispulver
Minzeblätter

Zubereitung: Die Aprikosen halbieren und entsteinen. Honig, Marsala, Wein, Essig, Öl, gehackte Minze, Salz und Pfeffer in einem Topf zum Kochen bringen. Die Aprikosen dazugeben und ca. 10 Minuten kochen lassen. Mit Maispulver binden und mit Pfeffer bestreuen. Anschließend mit Minzeblättern garnieren und servieren.

## Schnecken
*Cocleas*

**Brate die Schnecken in reinem Salz und Öl und begieße sie mit Laser, *liquamen*, Pfeffer und Öl.**

Vorbereitung: 10 Min.
Kochzeit: 10 Min.

Für vier Personen:

| | |
|---|---|
| 24 | Schnecken |
| ¼ TL | Salz |
| 1 EL | bestes Olivenöl |
| 1 MS | Asant oder ½ feingehackte und gedünstete Schalotte |
| ½ EL | Fischsauce |
| 1 MS | Pfeffer |

Zubereitung: Die Schnecken mit der Gehäuseöffnung nach oben in ein Schneckenpfännchen geben. Aus Salz, Olivenöl, Fischsauce und Pfeffer eine Mischung zubereiten und über die Schnecken verteilen. Im Backofen überbacken.

PURPURSCHNECKEN

**Undankbarer, du färbst mit unserem Blute die Mäntel,**
**die du trägst. Nicht genug, dienen als Speise wir noch.**

Martial, Epigramme XIII 87

## Gebratene Schnecken
*Cocleas assas*

**Begieße die Schnecken (verm. während des Bratens) ständig mit *liquamen*, Pfeffer und Kümmel.**

Vorbereitung: 10 Min.
Kochzeit: 10 Min.

Für vier Personen:

| | | | |
|---|---|---|---|
| 24 | Schnecken | 1 MS | Pfeffer |
| 4 EL | Austernsauce | 1 MS | gemahlener Kümmel |

Zubereitung: Die Schnecken mit der Gehäuseöffnung nach oben in ein Schneckenpfännchen geben. Im Backofen bei 200 Grad ca. 10 Minuten backen. Dabei mehrmals mit einer Mischung aus Austernsauce, Pfeffer und gemahlenem Kümmel übergießen.

Neben den konkreten Schneckenrezepten enthält das Kochbuch des Apicius in zwei Rezepten auch eine Anleitung zur Schneckenmast, die hier ohne Kommentar wiedergegeben seien:

## Mit Milch gemästete Schnecken
*Cocleas lacte pastas*

**Nimm Schnecken, tupfe sie ab und gib sie zunächst in ein Gefäß mit Milch und Salz. In den nächsten Tagen lege sie nur in Milch und entferne alle Stunden den Kot. Wenn sie so gemästet sind, daß sie sich nicht mehr in ihr Haus zurückziehen können, schmore sie in Öl. Gib *oenogarum* dazu. Ähnlich können sie auch mit Getreidebrei gemästet werden.**

## Schnecken auf andere Art
*Aliter cocleas*

**Lege die Schnecken lebend in Milch mit Weizenmehl. Wenn Sie fett genug sind, koche sie.**

## Gebratene Eier
*Ova fricta*

**Serviere mit *oenogarum.***

Vorbereitung: 5 Min.
Kochzeit: 5 Min.

Für vier Personen:

| | |
|---|---|
| 1 EL | Butter |
| 4 | Eier (wenn möglich Enteneier) |
| 1 MS | Salz |
| 1 MS | Pfeffer |
| 1 EL | Sojasauce |
| ½ EL | Weißwein |

Zubereitung: Butter in der Bratpfanne erhitzen und die Spiegeleier darin braten. Salz, Pfeffer, Sojasauce und Wein mischen und die Eier damit beträufeln.

## Hartgekochte Eier
### *Ova elixa*

**Hartgekochte Eier serviere mit einer Sauce aus ungemischtem Wein, Fischlake und Öl oder aus Fischlake, Pfeffer und Asant.**

Vorbereitung: 10 Min.
Kochzeit: 8 Min.

Für vier Personen:

| | |
|---|---|
| 4 | Eier |
| 1 EL | Austernsauce |
| 1 TL | Weinessig |
| 1 EL | Distelöl |
| ½ TL | weißer Pfeffer |
| 1 TL | Honig |

Zubereitung: Die hartgekochten Eier halbieren. Das Dotter zerdrücken, mit der Austernsauce, dem Distelöl und dem Weinessig mischen, bis es cremig wird, und in die Eihälften einfüllen.

Vermutlich hat es diese harten Eier als Auftakt der Mahlzeit in zahlreichen Variationen gegeben, wobei wohl immer die unvermeidliche Fischlake dabei war. Sehr apart wird die Mischung, wenn man sparsam Honig und weißen Pfeffer zugibt.

## Sauce für weichgekochte Eier
*In ovis hapalis*

**Zerstoße Pfeffer, Liebstöckel und vorher eingeweichte Pinienkerne. Gieße Honig und Essig dazu und schmecke mit *liquamen* ab.**

Vorbereitung: 10 Min.
Kochzeit: 3–5 Min.

Für vier Personen:

| | |
|---|---|
| 50 g | Pinienkerne |
| ¼ TL | Salz |
| 1 MS | Pfeffer |
| 1 TL | Liebstöckel |
| ¼ TL | Honig |
| 4 | Eier |
| 1 l | Wasser |
| 1 TL | Salz |
| 2 EL | Essig |

Zubereitung: Die eingeweichten Pinienkerne zerstampfen und mit Salz, Pfeffer, fein gehacktem Liebstöckel und Honig mischen. Die Eier sorgfältig in siedendes Salz-/Essigwasser schlagen und ca. 4 Minuten darin kochen lassen. Mit der Schaumkelle aus dem Wasser heben und mit der Sauce begießen.
Diese raffiniertere Zubereitungsweise nach Art der «verlorenen Eier» kann auch vereinfacht werden: Man macht ganz normale «weiche» Vierminuten-Eier, schält sie und serviert sie zusammen mit der Sauce, in die man jetzt natürlich nicht die obengenannte Menge Salz und Essig gibt, sondern die man mit etwas Salz und einem Spritzer Essig abschmeckt.

## Fisch

## Grundrezepte

Zum besseren Verständnis haben wir hier noch einmal angegeben, wie wir die Fische grundsätzlich zubereitet haben.

### Gekochter Fisch

Aus 2 Litern Wasser, 2 EL Salz (wenn möglich Meersalz),1 Lorbeerblatt und 1 Zweig Thymian einen Sud kochen und etwas abkühlen lassen. Den Fisch darin bei maximal 70 Grad zwischen 5 und 15 Minuten garziehen lassen.

### Gedünsteter Fisch

Alufolie mit Butter bestreichen, den gewürzten Fisch damit einwickeln und im Backofen bei ca. 200 Grad oder auf dem Grill je nach Größe zwischen 10 und 30 Minuten garen.

### Gegrillter Fisch

Den gewürzten Fisch auf dem Grill zwischen 10 und 30 Minuten grillieren (evtl. den Grillrost mit einer Alufolie abdecken).

BUTTEN

**Ist die Schüssel auch breit, auf der die Butte,**
**ist die Butte doch breiter als die Schüssel.**

Martial, Epigramme XIII 81

## Meeresfrikadellen
*Isicia marina*

**Zu Frikadellen aus Meerestieren lassen sich Muscheln, Krebse, Tintenfische, Krabben und Hummerfleisch verwenden, indem du das verwendbare Fleisch fein hackst und mit Pfeffer, Liebstöckel, *liquamen*, Kümmel und Asant würzest.**

Vorbereitung: 20 Min.
Kochzeit: 5 Min.

Für vier Personen:

| | | | |
|---|---|---|---|
| 400 g | Scampi | 1 TL | Kümmel |
| 2 | Darmnetze | 2 EL | Austernsauce |
| 1 MS | Asant oder | | Salz und Pfeffer |
| 2 EL | gehackte, gedämpfte Zwiebel | 4 | Zweiglein Petersilie |

Zubereitung: Die gekochten Scampi kleinhacken und mit Salz, Pfeffer, zerstoßenem Kümmel, Austernsauce und Asant mischen. Die Masse zu vier flachen Bouletten formen. Die Darmnetze im Wasser einweichen und auslegen (eines reicht bequem für zwei Frikadellen) und mit Petersilienzweiglein und dem Scampigehackten belegen und gut verschließen. Die Masse mit einem Teil des Darmnetzes gut einhüllen und ca. 5 Minuten in Olivenöl ausbacken.
Wer den Geschmack von Asant nicht mag, kann stattdessen 2 EL feingehackte, glasig geschmorte Zwiebel in die Mischung geben. Das Darmnetz – es ist fast bei jedem Metzger zumindest auf Vorbestellung erhältlich – ist nötig, da die Mischung sonst in der Pfanne zerfällt. Man könnte auch versuchen, mit Ei und Mehl zu binden, aber das nimmt u. E. doch sehr viel vom exklusiven Geschmack weg.

Die einfache Variante dieses Gerichts waren wohl die

## Calamarifrikadellen
*Esicia de lolligine*

**Nach Entfernung aller Abfälle zerstoße und zerreibe im Reibstein das verwendbare Fleisch wie üblich, vermische es mit der Fischlake, forme es zu Bällchen und brate diese.**
Ähnliche Rezepte gibt es auch für Muscheln.

## Sardellen-*patina*
### *Patina de apua*

**Reinige die Sardellen und lege sie in Öl ein. Gib sie in eine feuerfeste Tonschüssel und füge Öl, *liquamen* und Wein dazu. Darauf binde kleine Bündel von Raute und Oregano und lege sie in die Schüssel. Wenn das Gericht gar ist, entferne die Kräuterbündel. Bestreue es mit Pfeffer und trage auf.**

Vorbereitung: 15 Min. und 24 Std.
Kochzeit: 20 Min.

Für vier Personen:
600 g Sardellen in Salz eingelegt
2 dl Olivenöl
1 dl herber Weißwein
1 TL Raute oder 1 EL Noilly Prat (Vermouth extra sec)
1 EL Oregano
Pfeffer

Zubereitung: Die in Salz eingelegten Sardellen gut wässern, so daß möglichst viel Salz herausgespült wird. Trockentupfen, in eine Auflaufform geben und mit Olivenöl bedecken. 24 Stunden stehen lassen. Dann mit Wein beträufeln. Raute und Oregano in ein Stoffsäcklein oder Tee-Ei geben und zu den Fischen legen. Im Backofen zugedeckt bei 180 Grad ca. 20 Minuten garen lassen. Kräuter entfernen und mit Pfeffer bestreuen.

Vermutlich haben die Römer für dieses Gericht frische Sardellen oder Anchovis verwendet. Da diese aber nicht immer leicht zu beschaffen sind, haben wir uns für in Salz eingelegte Fische entschieden. Wichtig ist, daß man die Fische wirklich einen Tag lang in Öl einlegt.

## Falsche Sardellen-*patina*
## *Patina de apua sine apua*

**Nimm grätenlose Stücke von gegrilltem oder gekochtem Fisch und faschiere sie. Fülle damit eine Pfanne der gewünschten Größe. Dann zerstampfe im Mörser Pfeffer und etwas Raute, füge genügend *liquamen* hinzu, auch Eier und etwas Öl, und vermenge das alles mit dem Fisch in der Pfanne zu einem glatten Brei. Darüber lege Quallen, und zwar so, daß sie sich nicht mit den Eiern vermischen. Koche das Ganze im Dampf, weil sich die Quallen so nicht mit den Eiern vermischen können; wenn die Quallen trocken sind, bestreue das Gericht mit gemahlenem Pfeffer und serviere; niemand bei Tisch wird wissen, was er ißt.**

Vorbereitung: 15 Min.
Kochzeit: 20 Min.

Für vier Personen:

| | | | |
|---|---|---|---|
| 700 g | Fischreste | 2 TL | Butter |
| ¼ TL | Pfeffer | 1 | Aubergine |
| ¼ TL | Raute oder ½ EL Cynar | 2 TL | Zitronensaft |
| 2 TL | Anchovis | | Salz und Pfeffer |
| 2 EL | Distelöl | 2 EL | Olivenöl |
| 6 | Eier | | |

Zubereitung: Reste von gegrilltem oder gekochtem Fisch entgräten und hacken. Den gemahlenen Pfeffer, die gehackte Raute oder den Cynar, Anchovis, Öl und die Eier verrühren und mit dem Fisch mischen. Eine Auflaufform mit Butter bestreichen und die Mischung einfüllen. Die Haut der Aubergine entfernen, mit Zitrone einreiben und in dünne Scheiben schneiden. Über die Fischmischung legen, mit Salz und Pfeffer bestreuen und mit Olivenöl beträufeln. Im Backofen bei 200 Grad ca. 20 Minuten garen.

Hier handelt es sich nicht nur um Resteverwertung, sondern um ein typisches Überraschungsgericht. «Niemand am Tisch soll merken, was er ißt», war das Motto des wohl in Rom beliebtesten kulinarischen Gesellschaftsspiels. Wir haben – nicht nur, weil sie hierzulande nicht frisch zu haben sind – auf die Quallen verzichtet, hoffen aber, mit der gehäuteten Aubergine bei den Gästen einen ähnlichen Überraschungseffekt zu bewirken. Die Kombination von Fisch und Eiern ist übrigens sehr interessant.

## *Patina* von gebratenen Sardellen
## *Patina de apua fricta*

**Säubere die Sardellen, schlage Eier auf und wälze die Fische darin. Nimm *liquamen*, Wein und Öl, und bringe dies zum Kochen. Dann gib die Sardellen dazu. Wenn sie auf einer Seite gar sind, wende sie. Lasse sie etwas bräunen. Dann gieße *oenogarum* darüber, bestreue alles mit Pfeffer und serviere.**

Vorbereitung: 10 Min.
Kochzeit: 10 Min.

Für vier Personen:

| | |
|---|---|
| 600 g | Sardellen, in Salz eingelegt, oder 8 Heringfilets |
| 2 | Eier |
| 2 EL | Fischsauce |
| 1 EL | Weißwein |
| 2 EL | Sonnenblumenöl |
| 1 EL | Austernsauce |
| | Pfeffer |

Zubereitung: Die in Salz eingelegten Sardellen gut wässern, so daß möglichst viel Salz herausgespült wird, und trockentupfen (oder die Heringfilets – die wir der Einfachheit halber als Ersatz vorschlagen – trockentupfen). Die Eier aufschlagen und die Fische darin wälzen. In einer Bratpfanne Fischsauce, Wein und Öl erhitzen und die Fische darin dünsten. Mit Austernsauce beträufeln und mit Pfeffer bestreuen.

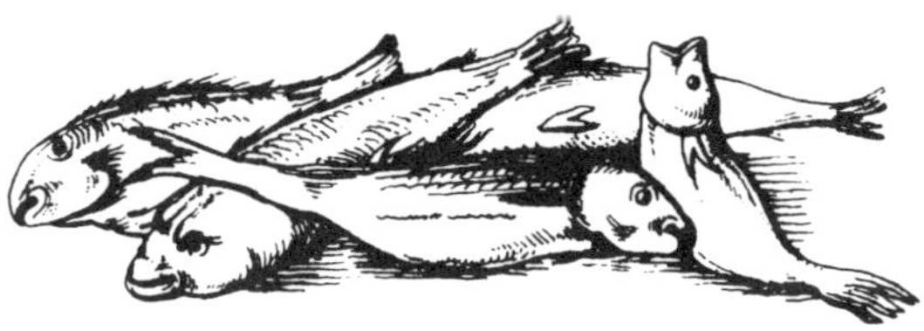

## *Patina* von Seebarben anstatt Stockfisch
## *Patina mullorum loco salsi*

**Schuppe die Barben und lege sie in eine saubere Pfanne. Füge ausreichend Öl und etwas Stockfisch hinzu. Bringe dies zum Kochen. Wenn der Fisch kocht, gib *passum* oder *mulsum* dazu. Bestreue mit Pfeffer und serviere.**

Vorbereitung: 10 Min.
Kochzeit: 5 Min.

Für vier Personen:
800 g Seeteufel
100 g gekochter Stockfisch
2 EL Olivenöl
1 EL Marsala
Pfeffer

Zubereitung: Den Seeteufel schuppen, Gräte entfernen (das kann man natürlich auch im Fischladen schon machen lassen) und in Scheiben schneiden. In eine Bratpfanne legen, gekochten Stockfisch in kleine Stücke schneiden und zusammen mit dem Öl dazugeben. Zugedeckt bei kleiner Hitze 5 Minuten kochen lassen. Mit Marsala und Pfeffer abschmecken.

Die relative Häufigkeit solcher Ersatz- oder besser Ergänzungsrezepte für Stockfisch läßt vermuten, daß diese auf Grund der einfachen Konservierungsmethode wohl am häufigsten vorkommende Art von Fisch vielen Römern im wahren Sinn des Wortes zum Halse heraushing. Gleichwohl wollte man aber nicht ganz auf das Gewohnte verzichten und so kam noch ein wenig Stockfisch hinzu.

## *Patina* von frischen Fischen anstatt Stockfisch
### *patina piscium loco salsi*

**Nimm nach Belieben irgendwelche Fische, reinige und brate sie. Dann lege sie mit genügend Öl in eine Pfanne und gib Stockfisch dazu. Bringe dies zum Kochen. Wenn der Fisch kocht, füge Honigwasser hinzu und rühre um.**

Vorbereitung: 5 Min.
Kochzeit: 10 Min.

Für vier Personen:
700 g Kabeljau
2 EL Olivenöl
100 g gekochter Stockfisch
½ TL Honig
½ dl Weißwein
½ dl Wasser

Zubereitung: Die Kabeljaufilets in Olivenöl auf beiden Seiten kurz anbraten und den in Stücke geschnittenen Stockfisch hinzugeben. Honig, Wein und Wasser verrühren und dazugießen. Nochmals ca. 5 Minuten köcheln lassen.

PAPAGEIFISCH (BUNTER BARSCH)

**Der hier erscheint, der Barsch, von den Wogen des Meeres ganz mager,**
**ist nur im Inneren gut; sonst hat er keinen Geschmack.**

Martial, Epigramme XIII 84

## Thunfischpfanne
*Patina zomoteganum*

**Wasche beliebige rohe Fische und lege sie in eine Pfanne. Füge Öl, *liquamen*, Wein, ein Bündel Lauch und Koriander hinzu. Während das Ganze kocht, stampfe im Mörser Pfeffer, Liebstöckel, Oregano und das gekochte Bündel, vermische es gut, gieße etwas von der Fischbrühe hinzu, rühre rohe Eier hinein und verarbeite das Ganze gründlich. Gieße die Sauce über die Fische in die Pfanne und lasse sie binden. Wenn die Masse steif genug geworden ist, bestreue sie mit Pfeffer und serviere.**

| | |
|---|---|
| Vorbereitung: | 15 Min. |
| Kochzeit: | 30 Min. |

Für vier Personen:

| | | | |
|---|---|---|---|
| 700 g | Thunfischscheiben | 1 MS | Pfeffer |
| | etwas Grün vom Lauch | ½ EL | Liebstöckel |
| 1 | Zweig Koriander | ½ EL | Oregano |
| 2 EL | Olivenöl | ½ TL | Salz |
| 1 dl | Weißwein | 6 | Eier |
| 2 EL | Fischsauce | | |

Zubereitung: Die Thunfischscheiben in eine Auflaufform legen. Ein Bündel aus Lauch und Koriander hinzugeben und Olivenöl, Weißwein und Fischsauce dazugießen. Zugedeckt ca. 15 Minuten köcheln lassen. Das Bündel entfernen und den Sud in eine Schüssel abgießen. Gemahlenen Pfeffer, gehackten Liebstöckel, Oregano, Salz und die Eier dazugeben und kräftig mit dem Schwingbesen schlagen. Die Masse in die Auflaufform zum Fisch geben und zugedeckt im Backofen bei 200 Grad ca. 10 Minuten steif werden lassen. Mit Pfeffer bestreuen und servieren.

Wörtlich heißt *zomoteganon* «eine Pfanne voll Sauce oder Brühe». Wir könnten uns auch vorstellen, daß man die Fische in einem offenen Topf über der Feuerstelle kochte, den man dann kurz wegnahm, den Sud abgoß und mit reichlich Gewürzkräutern (die Eier durften bei Fisch offenbar auch nicht fehlen) zu einer Sauce oder Brühe verarbeitete, die man über die Fische goß. Dann ließ man alles über dem offenen Feuer stocken. Wir bevorzugten – auch wegen der Ästhetik – die Auflaufvariante. Im übrigen kann man hier wohl alle Arten von Fisch nehmen.

## Seezungenauflauf
*Patina solearum*

**Klopfe die Schollen und lege sie vorbereitet in eine Pfanne. Gib dazu Öl, *liquamen* und Wein. Während der Fisch kocht, stoße Pfeffer, Liebstöckel und Oregano, zermahle es und gieße Sauce dazu und rohe Eier, um eine glatte Mischung zu erreichen. Gieße es über die Schollen und koche es auf kleiner Flamme. Wenn es steif genug ist, streue Pfeffer darauf und serviere.**

Vorbereitung: 10 Min.
Kochzeit: 20 Min.

Für vier Personen:

| | |
|---|---|
| 8 | Seezungenfilets |
| 2 EL | Sonnenblumenöl |
| 1 TL | vietnamesische Fischsauce |
| 1 dl | trockener Weißwein |
| ½ TL | weißer Pfeffer |
| ½ TL | Salz |
| 2 TL | Liebstöckel |
| 2 TL | Oregano |
| 6 | Eier |

Zubereitung: Die Seezungenfilets in eine flache Kasserolle legen. Öl, Weißwein und Fischsauce vermischen und die Filets damit beträufeln. Bei mittlerer Hitze ca. 10 Minuten kochen. Den Fischsud abgießen, 1 EL davon aufbewahren. Liebstöckel und Oregano feinhacken, mit Salz und Pfeffer aus der Mühle mischen und zusammen mit 1 EL Fischsud unter die geschlagenen Eier ziehen. Über die Filets verteilen und bei kleiner Hitze ca. 10 Minuten eindicken lassen. Mit Pfeffer abschmecken. Es eignen sich auch andere Fischfilets.

## *Patina* von kleinen Fischen
*Patina de pisciculis*

**Stampfe im Mörser Rosinen, Pfeffer, Liebstöckel, Oregano, Zwiebeln und mische dies mit Wein, *liquamen* und Öl. Gieße es in eine Pfanne. Wenn dies gekocht hat, füge die zuvor gekochten kleinen Fische hinzu. Binde mit *amulum* und serviere.**

Vorbereitung: 10 Min.
Kochzeit: 15 Min.

Für vier Personen:

| | |
|---|---|
| 700 g | Felchenfilets oder Barschfilets (Eglifilets) |
| 1 | Schalotte |
| 1 EL | Distelöl |
| ½ EL | Liebstöckel |
| ½ EL | Oregano |
| 1 EL | Rosinen |
| 1 MS | Pfeffer |
| 1 dl | Weißwein |
| 3 EL | Austernsauce |
| 1 TL | Maispulver |
| 1 EL | Bratbutter |

Zubereitung: Die gehackte Schalotte in Öl dämpfen. Den gehackten Liebstöckel und Oregano, die feingehackten Rosinen, den gemahlenen Pfeffer, Wein und die Austernsauce dazugeben und ca. 10 Minuten köcheln lassen. Mit Maispulver binden. Die Fischfilets in Bratbutter kurz anbraten. Die Sauce dazugießen, nochmals aufkochen und sofort servieren.

Wir haben hier bewußt den Begriff «kleine Fische» sehr weit ausgelegt und auf Experimente mit Sardellen etc. verzichtet. Das Exquisite an diesem Rezept ist nämlich die Sauce, mit der man wohl damals in Rom Fischreste oder kleine, eher minderwertige Fische kulinarisch aufgewertet hat. Das wollten wir aber nicht, so haben wir statt der gekochten Fische gute Fischfilets kurz angebraten und dann in der Sauce quasi noch einen Moment ziehen lassen.

## Fischfrikassee
*Minutal marinum*

**Lege Fische in einen Topf und füge *liquamen*, Öl, Wein und Brühe hinzu. Hacke Lauchstangen und Koriander, mache kleine Fischbällchen, zerschneide den gekochten und entgräteten Fisch und gib sorgfältig gewaschene Quallen dazu. Wenn all dies gekocht ist, zerstampfe im Mörser Pfeffer, Liebstöckel und Oregano, gieße *liquamen* und etwas von dem Fischwasser dazu und schütte es in den Topf. Lasse das Ganze wieder aufkochen und dicke es unter stetigem Aufrühren mit Teigkrümeln an. Bestreue mit Pfeffer und serviere.**

Vorbereitung: 20 Min. und 1 Std.
Kochzeit: 15 Min.

Für vier Personen:

| | |
|---|---|
| 700 g | Fischfilet (Rotbarsch, Heilbutt oder Dorsch) |
| 2 EL | Fischsauce |
| 2 EL | Olivenöl |
| 2 dl | Weißwein |
| 3 | Lauchstengel (nur das Weiße) |
| 1 EL | Koriander |
| 100 g | Scampi |
| ½ EL | Liebstöckel |
| 1 EL | Oregano |
| ¼ TL | Pfeffer |
| 2 TL | Maispulver |
| | Küchenfaden |

Zubereitung: Die Fischfilets eine gute Stunde in Fischsauce, Olivenöl und Weißwein marinieren. Gekochten Lauch, Koriander und die gekochten und geschälten Scampi hacken. Davon je 2 EL auf ein Fischfilet geben und dieses einrollen. Mit Küchenfaden zubinden. Die Marinade erwärmen, gehackten Liebstöckel, Oregano und Pfeffer dazugeben. Die Fischrollen ca. 10 Minuten darin kochen. Die Sauce mit Maispulver binden.

Dies ergibt ein sehr feines Fischessen, wobei wir uns gegenüber dem Original einige Freiheiten erlaubt haben. Die Quallen haben wir weggelassen und statt der Fischbällchen (einfach alles hacken und vermengen) haben wir Fischrollen gemacht, was natürlich den Eigengeschmack guter Fischfilets eher bewahrt.

## Sauce für Langusten und Hummer
## *Ius in locusta et cammaris*

Schmore gehackten Schnittlauch (Frühlingszwiebel, Zwiebel?). Gib Pfeffer, Liebstöckel, Wiesenkümmel, Kümmel, Datteln, Honig, Essig, Wein, *liquamen*, Öl und *defrutum* dazu. Serviere diese Sauce mit Senf zu gekochter Languste oder gekochtem Hummer.

Vorbereitung: 15 Min.

Für vier Personen:

| | |
|---|---|
| 1 | Zwiebel |
| ½ EL | Butter |
| ¼ TL | Kreuzkümmel |
| ¼ TL | Pfeffer |
| ¼ TL | Kümmel |
| ½ EL | Liebstöckel |
| 2 | Datteln |
| ½ TL | Honig |
| ½ TL | Essig |
| 1 EL | Weißwein |
| 4 EL | Austernsauce |
| 1 EL | Marsala |
| 2 EL | Olivenöl |

Zubereitung: Die gehackte Zwiebel in Butter andämpfen. Den gemahlenen Pfeffer, Kreuzkümmel und Kümmel, den gehackten Liebstöckel, die kleingeschnittenen Datteln, den Honig, Essig und Wein mit der Austernsauce, dem Marsala und dem Olivenöl mischen. Über gekochten Hummer (Langusten oder auch Scampi) gießen und servieren.

## Gegrillte Langusten
### *Locustas assas*

**Gegrillte Langusten mache folgendermaßen: Öffne die Langusten wie gewöhnlich, lasse sie in der Schale, begieße sie mit Pfeffer- und Koriandersauce und grille sie am Rost. Wenn sie trocken werden, begieße sie weiter mit dieser Sauce, bis sie gar sind, und serviere.**

Dazu paßt:

## Pfeffer- und Koriandersauce für Langusten
### *Locusta elixa cum cuminato*

**Nimm Pfeffer, Liebstöckel, Petersilie, getrocknete Minze, nicht zu wenig Kümmel, Honig, Essig und *liquamen*. Wenn gewünscht, füge Lorbeerblatt und Mutterzimt dazu.**

Vorbereitung: 15 Min.
Kochzeit: 10 Min.

Für vier Personen:

| | | | |
|---|---|---|---|
| 4 | Langustenschwänze oder | 1 EL | frische Petersilie |
| 16 | Riesencrevetten | ½ EL | getrocknete Minze |
| ¼ TL | Pfefferkörner | 1 TL | flüssiger Honig |
| ½ TL | Koriandérkörner | 1 EL | Weinessig |
| ½ TL | Kümmel | ½ EL | Fischsauce |
| 1 EL | frischer Liebstöckel | | |

Zubereitung: Die frischen Kräuter ganz fein hacken, die übrigen Gewürze mahlen und mit Honig, Essig und der Fischsauce verrühren. Eine Alufolie auf den Grill legen und mit Öl bepinseln. Den Grill stark erhitzen, die Langustenschwänze mit der Sauce bepinseln und sie dann auf die Alufolie legen. Immer wieder bestreichen, bis sie nach ca. 10 Minuten gar sind.

Zuerst hatten wir gedacht: Was für ein Aufwand für eine Languste, die ja sowieso schon ein Leckerbissen ist! Doch die Mühe lohnt sich wirklich. Man muß nur darauf achten, alles immer wieder zu wenden und zu bestreichen. Es sollte nicht trocken werden; bei Riesencrevetten reicht eine Grillzeit von fünf Minuten aus.

## Bouletten aus Langustenschwänzen
*Aliter locusta: esicia de cauda eius*

**Mache Fleischbällchen aus ihrem Schwanz auf folgende Art: Entferne zuerst die ungenießbare Schale, dann koche die Schwänze, hacke und vermische sie mit *liquamen*, Pfeffer und Eiern und forme Klößchen daraus.**

Vorbereitung: 15 Min.
Kochzeit: 5 Min.

Für vier Personen:

| | |
|---|---|
| 600 g | Langustenschwänze oder Riesencrevetten |
| 4 EL | Austernsauce |
| 1 MS | Pfeffer |
| 2 | Eier |
| 50 g | Weißbrot |
| 1 EL | Mehl |
| 2 EL | Bratbutter |

Zubereitung: Die gekochten und geschälten Langustenschwänze (wer's billiger will, nehme Riesencrevetten oder gar Scampi) feinhacken. Mit Austernsauce, gemahlenem Pfeffer, Eiern und zerriebenem Weißbrot mischen und auf bemehlter Unterlage runde Plätzchen formen. In Bratbutter auf beiden Seiten braten.

## Kalte Sauce für Langusten
*Aliter in locusta*

**Nimm Pfeffer, Liebstöckel, Kümmel, Minze, Raute, Pinienkerne, Honig, Essig, *liquamen* und Wein.**

Vorbereitung: 10 Min.

Für vier Personen:
¼ TL Pfeffer
¼ TL Kümmel
½ EL Liebstöckel
1 EL Minze
50 g Pinienkerne
¼ TL Raute oder ½ EL Cynar
½ TL Honig
1 EL Kräuteressig
3 EL Fischsauce
1 EL Weißwein

Zubereitung: Gemahlenen Pfeffer und Kümmel, gehackten Liebstöckel, Minze, zerstoßene Pinienkerne und Raute (alternativ Cynar), Honig, Essig, Fischsauce und Wein gut mischen und kalt zu gekochten Langusten servieren.

## Sauce für *patina* von Calamari
*In lolligine in patina*

**Stampfe Pfeffer, Raute, etwas Honig, *liquamen, caroenum* und ein paar Tropfen Öl.**

Vorbereitung: 5 Min.
Kochzeit: 5 Min.

Für vier Personen:
¼ TL Raute oder ½ EL Campari
1 MS Pfeffer
½ TL Honig
2 EL Fischsauce
2 EL Marsala
2 EL Olivenöl
600 g gekochte Calamari

Zubereitung: Die Raute zerreiben und mit gemahlenem Pfeffer, Honig, Fischsauce, Marsala und Öl mischen. Die gekochten und in Ringe geschnittenen Calamari in die Sauce geben und 5 Minuten aufkochen.
Eine andere, ebenfalls gute Methode ist, die in Ringe geschnittenen Calamari in der Sauce ca. 25 Minuten zu kochen.

## Sauce für gefüllte Calamari
*In lolligine farsili*

**Nimm Pfeffer, Liebstöckel, Koriander, Selleriesamen, Eidotter, Honig, Essig, *liquamen*, Wein und Öl; binde.**

Vorbereitung: 10 Min.
Kochzeit: 10 Min.

Für vier Personen:
¼ TL Pfeffer
½ EL Liebstöckel
1 EL Koriander
¼ TL Selleriesamen
2 Eigelb
½ TL Honig
½ EL Weinessig
4 EL Austernsauce
1 EL Weißwein
2 EL Olivenöl

Zubereitung: Gemahlenen Pfeffer, gehackten Liebstöckel und Koriander, Selleriesamen, Eigelb, Honig, Essig, Austernsauce, Wein und Öl erhitzen. Die Calamari werden wie im übernächsten Rezept (S. 69) zubereitet und zusammen mit der Sauce serviert.

## Sauce für gefüllten Tintenfisch
*In sepia farsili*

**Nimm Pfeffer, Liebstöckel, Selleriesamen, Kümmel, Honig, *liquamen*, Wein und gemischte Kräuter. Lasse diese heiß werden, schneide den Tintenfisch auf und gieße die Sauce darüber.**

Vorbereitung: 10 Min.
Kochzeit: 10 Min.

Für vier Personen:
¼ TL Pfeffer
1 MS Kümmel
½ EL Liebstöckel
1 EL Petersilie
½ EL Koriander
¼ TL Selleriesamen
1 TL Honig
2 EL Portwein
2 EL Weißwein
4 EL Sud vom Tintenfisch (S. 69)

Zubereitung: Gemahlenen Pfeffer und Kümmel, gehackten Liebstöckel, Petersilie und Koriander, Selleriesamen, Honig, Portwein, Wein und Sud vom Tintenfisch ca. 10. Minuten kochen. Die wie im folgenden Rezept zubereiteten Tintenfische aufschneiden und die Sauce abgesiebt darüber anrichten.

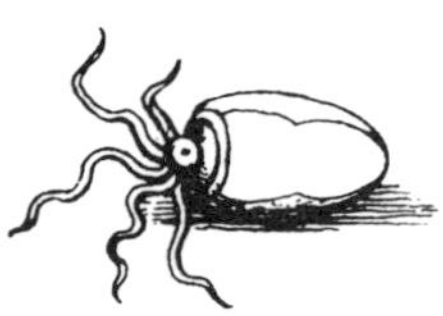

## Füllung für gekochten Tintenfisch
*Sic farcies eam sepiam coctam*

**Stampfe ein enthäutetes, gekochtes Hirn mit Pfeffer, füge genügend rohe Eier, Pfefferkörner und kleine Fleischklößchen dazu. (Fülle damit den gekochten Tintenfisch), nähe ihn zu und gib ihn in einen siedenden Kessel, so daß die Füllung steif werden kann.**

Vorbereitung: 15 Min. und 3 ½ Std. für das Hirn
Kochzeit: 30–90 Min.

Für vier Personen:
100 g Kalbshirn (wahlweise 100 g Kalbsbries)
¼ TL Pfeffer
2 Eier
10 Pfefferkörner
100 g Kalbsbrät
600 g Tintenfischkörper

Zubereitung: Das Kalbshirn oder Bries 2 Stunden in kaltes Wasser und anschließend 1 Stunde in kaltes Essigwasser (1 l Wasser, 1 EL Essig) legen. Das Hirn danach in 1 Liter Wasser, dem 1 El Salz und 1 TL Zitronensaft beigegeben worden sind, ca. 15 Minuten vor dem Siedepunkt ziehen lassen. Das Hirn von der Außenhaut und von den weißen Adern an der Unterseite befreien, fein hacken und mit den geschlagenen Eiern, den Pfefferkörnern, dem gemahlenen Pfeffer und dem Kalbsbrät mischen.
Die Tintenfischkörper ausnehmen und in Salzwasser je nach Größe zwischen 15 Minuten und einer Stunde kochen. Etwas auskühlen lassen und mit der Mischung füllen, zunähen und im gleichen Salzwasser nochmals eine Viertelstunde kochen. Sicher ein aufwendiges, aber auch ein lohnendes Gericht!

## Sauce für Tintenfisch auf andere Art
*Aliter sepias*

**Nimm Pfeffer, Liebstöckel, Kümmel, frischen Koriander, getrocknete Minze, Eidotter, Honig, *liquamen*, Wein, Essig und etwas Öl. Lasse dies aufkochen und binde mit *amulum*.**

Vorbereitung: 10 Min.
Kochzeit: 15 Min.

Für vier Personen:

| | | | |
|---|---|---|---|
| 3 | Eigelb | 1 MS | Pfeffer |
| ¼ TL | Honig | 1 MS | Kümmel |
| 2 EL | Fischsauce | ½ EL | Liebstöckel |
| 2 EL | Weißwein | ½ EL | Koriander |
| ½ EL | Kräuteressig | 1 EL | Minze |
| 2 EL | Sonnenblumenöl | 2 TL | Maispulver |
| 2 dl | Tintenfischsud (S. 69) | | |

Zubereitung: Eigelb, Honig, Fischsauce, Wein, Essig, Öl und Tintenfischsud verrühren und den gemahlenen Pfeffer, den gemahlenen Kümmel, gehackten Liebstöckel, Koriander und Minze dazugeben und 10 Minuten kochen lassen. Mit Maispulver binden und über den gekochten Tintenfisch geben.

Dies war die Sauce für ein Festmahl. Nun das «Alltagsrezept»:

## Oktopus
*In polypo*

**Serviere Oktopus mit Pfeffer, *liquamen* und Laser**

Zubereitung: Hier wird überhaupt nicht angegeben, wie der Oktopus (gemeint sind wohl die kleinen, achtarmigen Tintenfische) zubereitet wird. Wir nehmen an, daß er damals wie heute in schwimmendem Öl gebraten wurde. Auf einem Küchenpapier etwas abtropfen lassen und mit einer Mischung aus Pfeffer, Meersalz und wenig Asant bestreuen und servieren.

## Sauce für Austern
*In ostreis*

**Nimm Pfeffer, Liebstöckel, Eidotter, Essig, *liquamen*, Öl und Wein; nach Belieben auch Honig.**

Vorbereitung: 10 Min.

Für vier Personen:

| | |
|---|---|
| 1 | Eigelb |
| 2 dl | Sonnenblumenöl |
| 1 EL | Weißwein |
| 1 EL | Weinessig |
| 2 EL | Austernsauce |
| 1 MS | Pfeffer |
| ¼ EL | Liebstöckel |
| | Salz |

Zubereitung: Das Eigelb rühren und tropfenweise Öl hinzugeben. Dann unter ständigem Rühren Wein, Essig und Austernsauce beigeben. Mit gemahlenem Pfeffer und feingehacktem Liebstöckel würzen, mit etwas Salz abschmecken und zu den geöffneten, rohen Austern servieren. Eine Variation, die Austern-Liebhaber erfreuen und überraschen wird.

AUSTERN

**Komm ich als Muschel, getränkt vom Lucriner Wasser bei Bajae,**
**dürst ich als Schlemmerin nun nach der vortrefflichen Brüh.**

Martial, Epigramme XIII 82

## Muscheln
*In mitulis*

**Mische *liquamen*, gehackten Lauch, Kümmel, *passum*, Bohnenkraut und Wein. Verdünne dies mit Wasser und koche die Muscheln darin.**

Vorbereitung: 15 Min.
Kochzeit: 8 Min.

Für vier Personen:

| | |
|---|---|
| 1 | Lauch |
| ¼ TL | Kümmelsamen |
| 1 | Zweig Bohnenkraut |
| 5 EL | Fischsauce |
| 2 EL | Marsala |
| 2 EL | Weißwein |
| 5 dl | Wasser |
| 2 kg | Miesmuscheln |

Zubereitung: Den in feine Ringe geschnittenen Lauch zusammen mit Kümmelsamen, Bohnenkrautzweig, Fischsauce, Marsala, Wein und Wasser 5 Minuten kochen. Die geputzten Muscheln darin ca. 3 Minuten kochen, bis sie sich öffnen. Abgießen und servieren.

*Mosaik mit Darstellung der Meerestiere aus Pompeji. Neapel, Museo Nazionale*

## Gefüllter Bonito (kleiner Thunfisch)
*In sardis*

**Entgräte den Fisch. Stampfe Flohkraut, Kümmel, Pfefferkörner, Minze, Nüsse und Honig. Fülle den Fisch mit dieser Mischung und nähe ihn zu. Wickle ihn in Papier und lasse ihn in einem zugedeckten Topf im Dampf kochen. Würze mit Öl, *caroenum* und *allec*.**

Vorbereitung: 20 Min.
Kochzeit: 25 Min.

Für vier Personen:
½ EL Minze
1 EL Zitronenmelisse
1 MS Kümmel
5 Pfefferkörner
50 g Walnüsse
½ TL Honig
1 kg Bonito oder 4 Makrelen
2 EL Butter
2 EL Olivenöl
1 EL Portwein
Salz und Pfeffer

Zubereitung: Gehackte Minze und Zitronenmelisse, gemahlenen Kümmel, Pfefferkörner, gehackte Walnüsse und Honig mischen.
Den vorbereiteten Fisch innen und außen mit Salz bestreuen und mit der Mischung füllen. In bebutterte Alufolie einwickeln, in eine Kasserolle legen und zugedeckt im Backofen bei 180 Grad ca. 25 Minuten ziehen lassen. Olivenöl, Portwein, gemahlenen Pfeffer und Salz mischen und über den Fisch verteilen.

## Bonito
*Sarda*

**Bonito bereite auf folgende Art zu: Koche und entgräte den Fisch. Stampfe Pfeffer mit Liebstöckel, Thymian, Oregano, Raute, Jerichodatteln und Honig, gib dies in einen kleinen Topf und garniere es mit gehackten Dottern von hartgekochten Eiern. Dann gib noch etwas Wein, Essig, *defrutum* und bestes Öl dazu.**

Vorbereitung: 15 Min.
Kochzeit: 10 Min.

Für vier Personen:
600 g gekochter Fisch
1 MS Pfeffer
½ EL Liebstöckel
1 EL Thymian
½ EL Oregano
1 MS Raute oder ½ El Cynar
2 Datteln
½ TL Honig
1 MS Salz
2 EL Weinessig
4 EL bestes Olivenöl
1 EL Weißwein
1 EL Marsala
2 hartgekochte Eigelb

Zubereitung: Den gekochten Fisch entgräten und in mundgerechte Stücke schneiden. Gemahlenen Pfeffer, gehackten Liebstöckel, Thymian und Oregano, Raute, kleingeschnittene Datteln und Honig mischen. Salz, Essig, Öl, Wein, Marsala und gehacktes Eigelb verrühren, die Gewürze zugeben und mit den Fischstücken vermischen. Vor dem Servieren 10 Minuten ziehen lassen. Ein vorzüglicher (lauwarmer) Fischsalat.

*Römisches Speisenbukett mit Trauben, Oliven, Krustentieren und Brötchen. Aufnahme im Römerhaus Augst bei Basel*

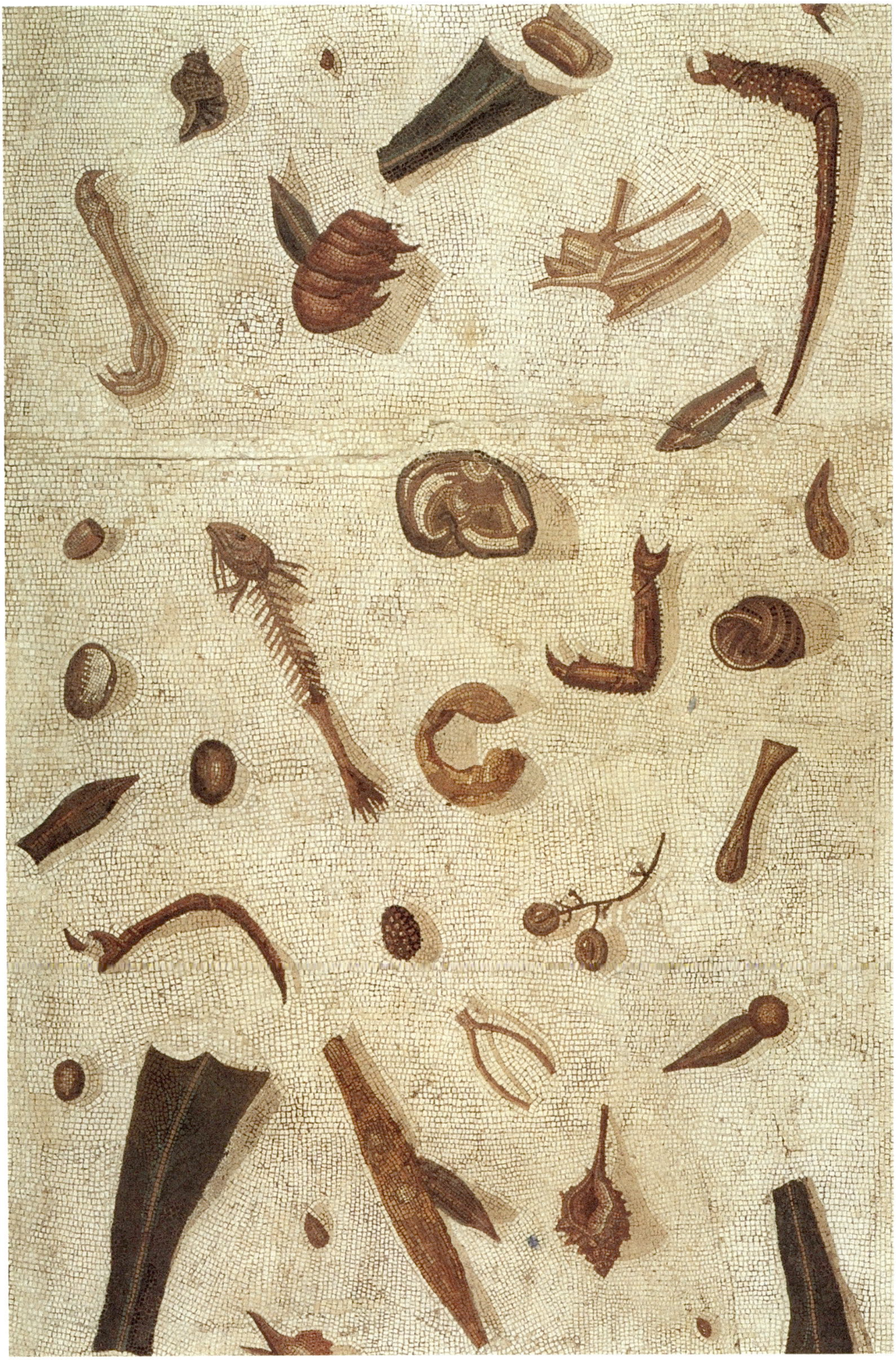

*Fußbodenmosaik mit Darstellung von den Überresten eines Banketts, sog. «Asaroton-Motiv» (von griech. asarotos oikos, «ungefegter Boden»). Aus einer Villa bei Rom. Rom, Vatikanische Museen*

## Sauce für Bonito
### *Ius in sarda*

**Nimm Pfeffer, Oregano, Minze, Zwiebel, etwas Essig und Öl.**

Vorbereitung: 5 Min.

Für vier Personen:

| | |
|---|---|
| 2 EL | Essig |
| 3 EL | bestes Olivenöl |
| 1 | Zwiebel |
| 1 EL | Minze |
| ½ EL | Oregano |
| 1 MS | Salz |
| 1 MS | Pfeffer |

Zubereitung: Essig und Öl verrühren und mit der gehackten Zwiebel, Minze und Oregano, Salz und Pfeffer würzen. Die Sauce über den gekochten und entgräteten Fisch geben.

Dies scheint uns ein einfaches, aber sehr typisches Fischgericht zu sein. Wahrscheinlich wurden solche in Öl eingelegten Fische irgendwo an einem kühlen Ort im Haus aufbewahrt und dann als Zwischenmahlzeit mit Brot und Oliven oder als eine der Vorspeisen bei einem größeren Abendessen serviert. Das gilt auch für das nächste Saucenrezept, wobei wir uns dieses sowohl kalt als auch lauwarm vorstellen können.

## Eine andere Fischsauce
*Aliter ius in sarda*

**Nimm Pfeffer, Liebstöckel, getrocknete Minze, Zwiebel, Honig, Essig und Öl. Gieße die Sauce über den (gekochten) Fisch und garniere ihn mit hartgekochten Eiern.**

Vorbereitung: 15 Min.

Für vier Personen:

| | |
|---|---|
| 1 | Zwiebel |
| 1 MS | Pfeffer |
| 1 MS | Salz |
| ½ EL | Liebstöckel |
| 1 EL | Minze |
| 1 TL | Honig |
| 1 EL | Weinessig |
| 3 EL | Olivenöl |
| 2 | hartgekochte Eier |

Zubereitung: Die Zwiebel hacken und andämpfen. Mit Pfeffer, Salz, gehacktem Liebstöckel und Minze, Honig, Essig und Öl mischen und über den geschmorten Fisch verteilen. Mit hartgekochten Eiern garnieren.

*Beginn eines Gastmahls. Die meisten Teilnehmer liegen auf den Speisesofas und werden mit Getränken bedient. Links zieht ein Sklave einem Spätgekommenen die Schuhe aus. Wandmalerei aus Pompeji. Neapel, Museo Nazionale*

## Sauce für gesalzene Meeräsche
*Ius in mugile salso*

**Nimm Pfeffer, Liebstöckel, Kümmel, Zwiebel, Minze, Raute, Haselnuß, Jerichodatteln, Honig, Essig, Senf und Öl.**

Vorbereitung: 5 Std.
Kochzeit: 6 Std.

Für vier Personen:

| | |
|---|---|
| 1 kg | gesalzene Meeräsche oder Salzheringe |
| ½ l | Milch |
| 1 MS | Pfeffer |
| 1 MS | Kümmel |
| 1 EL | Liebstöckel |
| 1 EL | Minze |
| 1 | Zwiebel |
| 1 TL | Raute oder 1 EL weißer Vermouth |
| 20 g | gemahlene Haselnüsse |
| 4 | Datteln |
| 1 EL | Kräuteressig |
| 1 TL | Senf |
| 4 EL | Olivenöl |
| | Pfeffer |

Zubereitung: Die Fische ca. 4 Stunden wässern, danach eine Stunde in Milch einlegen.
Aus gemahlenem Pfeffer und Kümmel, dem fein gehackten Liebstöckel, Minze, Zwiebel, Raute, den gemahlenen Haselnüssen, den klein geschnittenen Datteln, Honig, Essig, Senf und Öl eine Marinade herstellen und die Fische darin 6 Stunden ziehen lassen. Abtrocknen, mit Pfeffer bestreuen und servieren.

## Stockfisch ohne Stockfisch
### *Salsum sine salso*

**Koche Leber, stampfe sie und gib Pfeffer, *liquamen* oder Salz dazu. Gieße Öl hinzu. Nimm Leber vom Hasen, Zicklein, Lamm oder von Hühnern. Wenn gewünscht, gib der Masse in einer kleinen Form die Gestalt eines Fisches. Beträufle sie mit bestem Öl.**

Vorbereitung: 15 Min.
Kochzeit: 90 Min. und 6 Std. kaltstellen

Für vier Personen:
400 g Kalbsleber
200 g Hühnerleber
1 EL Öl
Salz und Pfeffer
4 EL Rahm
2 EL bestes Olivenöl

Zubereitung: Die Leber sehr fein hacken. Mit Salz und Pfeffer würzen, Rahm darunterziehen und in die mit Öl bestrichene Form geben. Zugedeckt im Backofen bei 180 Grad im Wasserbad ca. 1½ Stunden ziehen lassen. Zum Abkühlen die Lebermasse mit einem Gewicht beschweren. Im Kühlschrank mindestens einen halben Tag kaltstellen und vor dem Servieren stürzen. Mit Olivenöl beträufeln.

Hier liegt eines der typischen Schein- oder Ersatzgerichte der römischen Küche vor. Zumindest vor dem Kosten soll niemand merken, was er ißt. Um diesen Effekt zu erreichen, haben wir eine Backform in Gestalt eines Fisches genommen. Das Ergebnis war nicht nur optisch ansprechend, sondern eine wohlschmeckende, wenn auch leicht grobe Leberpastete. Entgegen der Vorschrift haben wir Kalbsleber als Hauptbestandteil genommen, aber gerade bei Innereien ist vieles ja eine Frage des persönlichen Geschmacks.

## Stockfisch-Ersatz auf andere Art
*Aliter vice salsi*

**Stampfe Kümmel, Pfeffer und *liquamen*, mische mit etwas *passum* oder *caroenum* und reichlich gemahlenen Walnüssen. Stampfe alles gründlich und gieße es in Salzlake *(salsare)*. Füge einige Tropfen Öl hinzu und serviere.**

Vorbereitung: 10 Min.

Für vier Personen:
½ TL Salz
2 EL Wasser
4 EL bestes Olivenöl
¼ TL Pfeffer
1 MS Kümmel
2 EL Austernsauce
2 EL Marsala
200 g gemahlene Walnüsse

Zubereitung: Das Salz im Wasser auflösen und mit dem Öl, dem gemahlenen Pfeffer und Kümmel, der Austernsauce, dem Marsala und den fein gemahlenen Nüssen vermischen. Daraus kleine Fische formen und servieren.

Einige Übersetzer meinten, daß es sich hier nur um die Sauce für einen Stockfisch-Ersatz handle. Da das ganze aber einen ziemlich festen und gut formbaren Nußbrei ergibt, glauben wir das nicht. Im Original kommt das Wort *salsare* vor. André (Übersetzung, S. 112) und Maier (S. 201; vgl. Bibliographie) nehmen an, daß es sich hier um eine ganz bestimmte Form gehandelt hat, vielleicht sogar um eine Fischform. Das erscheint uns durchaus plausibel.

## Kräutersauce für gebratenen Fisch
*Ius diabotanon in pisce frixo*

**Nimm einen beliebigen Fisch, reinige, salze und brate ihn. Stoße im Mörser Pfeffer, Kümmel, Koriandersamen, Laserwurzel, Oregano und Raute, zerreibe dies, gieße Essig dazu, gib Datteln, Honig, *defrutum*, Öl und *liquamen* hinzu. Verrühre es gut, gieße es in einen Topf und laß es aufkochen. Wenn es kocht, gieße die Sauce über den gebratenen Fisch, streue Pfeffer darüber und serviere.**

Vorbereitung: 15 Min.
Kochzeit: 5 Min.

Für vier Personen:

| | |
|---|---|
| 1 EL | Oregano |
| 1 MS | Pfeffer |
| 1 MS | Kümmel |
| ½ TL | Koriandersamen |
| ½ TL | Asant oder 1 gehackte, gedämpfte Schalotte |
| ½ TL | Raute oder 1 EL Cynar |
| 4 | Datteln |
| ½ TL | Honig |
| 2 EL | Marsala |
| 1 EL | Weinessig |
| 3 EL | Distelöl |
| 2 EL | Fischsauce |

Zubereitung: Gehackten Oregano, gemahlenen Pfeffer und Kümmel, Koriandersamen, Asant, zerriebene Raute, klein geschnittene Datteln, Honig, Marsala, Essig, Öl und Fischsauce mischen und in der Pfanne erhitzen. Über einen gebratenen (oder auch gegrillten) Fisch gießen, mit Pfeffer bestreuen und servieren.

## Sauce für gekochten Fisch
*Ius in pisce elixo*

**Nimm Pfeffer, Liebstöckel, Kümmel, eine kleine Zwiebel, Oregano, Pinienkerne, Datteln, Honig, Essig, *liquamen*, Senf und etwas Öl. Wenn du eine heiße Sauce willst, füge auch Rosinen hinzu.**

Vorbereitung: 15 Min.

Für vier Personen:

| | |
|---|---|
| 1 MS | Pfeffer |
| 1 MS | Kümmel |
| ½ EL | Liebstöckel |
| ½ EL | Oregano |
| 50 g | Pinienkerne |
| 1 | Zwiebel |
| 4 | Datteln |
| ½ TL | Honig |
| 1 EL | Weinessig |
| 1 TL | Senf |
| 2 EL | Austernsauce |
| 2 EL | Olivenöl |

Zubereitung: Pfeffer und Kümmel mahlen, Liebstöckel und Oregano fein hacken, Pinienkerne im Mörser zerstampfen, die Zwiebel fein hacken und andämpfen und die Datteln klein schneiden. Mit Honig, Essig, Senf, Austernsauce und Öl mischen und kalt zu gekochtem Fisch servieren.

Wie bei vielen anderen Saucen ist hier nicht angegeben, ob sie warm oder kalt sein sollte. Wir würden die kalte Version empfehlen.

## Sauce für gekochten Fisch auf andere Art
*Aliter in pisce elixo*

**Stoße im Mörser Pfeffer, Liebstöckel, frischen Koriander, Bohnenkraut, Zwiebel, gekochte Eidotter, *passum*, Essig, Öl und *liquamen*.**

Vorbereitung: 10 Min.

Für vier Personen:

| | |
|---|---|
| 1 EL | Liebstöckel |
| 1 EL | Koriander |
| ½ EL | Bohnenkraut |
| 1 | Zwiebel |
| 1 TL | Butter |
| 2 | Eigelb |
| ¼ TL | Pfeffer |
| ½ EL | Portwein |
| ½ EL | Kräuteressig |
| 1 EL | Sonnenblumenöl |
| 1 dl | Gemüsebouillon |
| 1 EL | Fischsauce |

Zubereitung: Liebstöckel, Koriander und Bohnenkraut hacken, die Zwiebel fein hacken und in Butter andämpfen, das harte Eigelb zerstoßen. Mit gemahlenem Pfeffer, Portwein, Essig, Öl, Gemüsebouillon und Fischsauce zu einer kalten Sauce verrühren.

## Fisch im eigenen Saft
*Ius in pisce elixo*

**Reinige den Fisch sorgfältig. Stampfe in einem Mörser sorgfältig Salz und Koriandersamen. Wälze den Fisch darin, gib ihn in eine gedeckte Kasserolle, verschließe und vergipse diese und backe den Fisch im Backofen. Wenn er gar ist, nimm ihn heraus, beträufle ihn mit sehr scharfem Essig und serviere.**

Vorbereitung: 10 Min.
Kochzeit: 25 Min.

Für vier Personen:
600 g Heilbuttfilets
1 TL Salz
¼ TL Korianderkörner
1 EL Estragonessig

Zubereitung: Das Salz und die gemahlenen Korianderkörner mischen und die Fischfilets darin wenden. Die Filets in eine gebutterte Kasserolle legen, die mit einer Alufolie zwischen Kasserolle und Deckel gut abgedichtet wird. Im Backofen bei 170 Grad ca. 25 Minuten backen. Mit ein wenig Essig beträufeln und servieren.

## Alexandrinische Sauce für gegrillten Fisch
*Ius Alexandrinum in pisce asso*

**Nimm Pfeffer, getrocknete Zwiebel, Liebstöckel, Kümmel, Oregano, Selleriesamen, entsteinte Damaszenerpflaumen, *mulsum*, Essig, *liquamen*, *defrutum* und Öl. Stampfe und mische dies, lasse es aufkochen und gib es zum Fisch.**

Vorbereitung: 15 Min.
Kochzeit: 10 Min.

Für vier Personen:

| | |
|---|---|
| 1 MS | Pfeffer |
| 1 | Zwiebel |
| ½ EL | Liebstöckel |
| ½ EL | Oregano |
| ½ TL | Kümmelsamen |
| ¼ TL | Selleriesamen |
| 6 | Pflaumen |
| ¼ TL | Honig |
| 2 EL | Weißwein |
| 1 EL | Portwein |
| 2 EL | Weinessig |
| 4 EL | Sojasauce |
| 2 EL | Olivenöl |

Zubereitung: Den gemahlenen Pfeffer, die gehackte und gedämpfte Zwiebel, gehackten Liebstöckel und Oregano, Kümmelsamen, Selleriesamen, entsteinte und klein geschnittene Pflaumen, mit Wein vermischten Honig, Portwein, Essig, Sojasauce und Öl vermischen. Die Mischung 10 Minuten kochen lassen und zu gegrilltem Fisch servieren.

Eine süß-saure Sauce, die wie vieles «Alexandrinische» an die chinesische Küche erinnert.

## Alexandrinische Sauce für gegrillten Fisch auf andere Art
## *Aliter ius Alexandrinum in pisce asso*

**Nimm Pfeffer, Liebstöckel, frischen Koriander, entkernte Rosinen, Wein, *passum, liquamen* und Öl, und koche sie.**

Vorbereitung: 5 Min.
Kochzeit: 10 Min.

Für vier Personen:
8 Pfefferkörner
1 EL Liebstöckel
1½ EL Koriander
1 EL Rosinen
2 EL Weißwein
1 EL Portwein
2 EL Fischsauce
1 EL Distelöl

Zubereitung: Pfefferkörner, gehackten Liebstöckel und Koriander, Rosinen, Wein, Portwein, Fischsauce und Öl ca. 10 Minuten köcheln lassen. Absieben und heiß servieren.

DER RABENFISCH

**Rabenfisch, man reißt sich um dich am Nil auf dem Markte; schätzen die Schlemmer doch nichts in Alexandrien mehr!**

Martial, Epigramme XIII 85

## Alexandrinische Sauce für gegrillten Fisch auf eine dritte Art

*Aliter ius Alexandrinum in pisce asso*

**Nimm Pfeffer, Liebstöckel, frischen Koriander, Zwiebel, entsteinte Damaszenerpflaumen, *passum*, *liquamen*, Essig und Öl und koche sie.**

Vorbereitung: 15 Min.
Kochzeit: 10 Min.

Für vier Personen:

| | |
|---|---|
| 6 | Dörrpflaumen |
| ½ EL | Liebstöckel |
| 1 EL | Koriander |
| 1 | Zwiebel |
| 2 EL | Distelöl |
| 2 EL | Portwein |
| 1 MS | Pfeffer |
| 4 EL | Austernsauce |
| 1 EL | Kräuteressig |
| | Salz und Pfeffer |

Zubereitung: Die eingeweichten Pflaumen entsteinen und fein schneiden. Liebstöckel und Koriander fein hacken. Die gehackte Zwiebel in Öl andämpfen, mit Portwein ablöschen und zusammen mit den Pflaumen, den Kräutern, dem gemahlenen Pfeffer, der Austernsauce und dem Essig ca. 10 Minuten köcheln lassen. Mit Salz und Pfeffer abschmecken.

## Sauce für gegrillten See-Aal
*Ius in grongo asso*

**Nimm Pfeffer, Liebstöckel, gerösteten Kümmel, Oregano, getrocknete Zwiebel, gekochte Eidotter, Wein, *mulsum*, Essig, *liquamen* und *defrutum*. Lasse es kochen.**

Vorbereitung: 20 Min.
Kochzeit: 5 Min.

Für vier Personen:
½ TL Kümmelsamen
½ EL Liebstöckel
1 EL Oregano
2 Eigelb
1 Zwiebel
1 MS Pfeffer
½ TL Honig
3 EL Weißwein
½ EL Kräuteressig
3 EL Austernsauce
1 EL Marsala

Zubereitung: Die Kümmelsamen in der Bratpfanne ohne Zugabe von Fett anrösten. Liebstöckel und Oregano hacken. Das hart gekochte Eigelb zerdrücken, die Zwiebel fein hacken und dämpfen. Mit gemahlenem Pfeffer, in Wein aufgelöstem Honig, dem Essig, der Austernsauce und dem Marsala mischen und fünf Minuten kochen. Heiß zu gegrilltem See-Aal servieren.

## Sauce für gegrillte Seebarben
### *Ius in mullos assos*

**Nimm Pfeffer, Raute, Honig, Pinienkerne, Essig, Wein, *liquamen* und ein wenig Öl. Mache alles heiß und gieße es über den Fisch.**

Vorbereitung: 10 Min.
Kochzeit: 5 Min.

Für vier Personen:

1 MS Pfeffer
1 EL Liebstöckel
20 g Pinienkerne
½ TL Raute oder 1 EL Cynar
1 TL Honig
½ EL Weinessig
2 EL Weißwein
2 EL Fischsauce
1 EL Sonnenblumenöl

Zubereitung: Aus gemahlenem Pfeffer, gehacktem Liebstöckel, gestampften Pinienkernen, Raute oder Cynar, Honig, Essig, Wein, Fischsauce und Öl eine Sauce zubereiten, aufkochen und zur gegrillten Seebarbe servieren. Die Seebarbe ist eine Karpfenart mit ziemlich viel Gräten. Vorsicht: Der Laich ist giftig!

LEBENDE MEERBARBEN

**Träg nur atmet die Barbe im Wasser der See, das man mitbringt,**
**und sie erschlafft. Aber gib lebendes Meer: sie erstarkt!**

Martial, Epigramme XIII 79

## Sauce für gegrillte Seebarben auf andere Art
*Aliter ius in mullos assos*

**Nimm Raute, Minze, Koriander, Fenchel – alles frisch –, dazu Pfeffer, Liebstöckel, Honig, *liquamen* und ein wenig Öl.**

Vorbereitung: 10 Min.

Für vier Personen:
1 EL Minze
½ EL Koriander
1 TL Raute oder 1 EL Cynar
½ EL Liebstöckel
1 MS Pfeffer
½ TL Fenchelsamen
½ TL Honig
2 EL Fischsauce
2 EL bestes Olivenöl

Zubereitung: Minze, Koriander, Raute und Liebstöckel fein hacken, Pfeffer mahlen und mit Fenchelsamen, Honig, Fischsauce und Öl mischen. Kalt zu gegrilltem oder gekochtem Karpfen servieren.

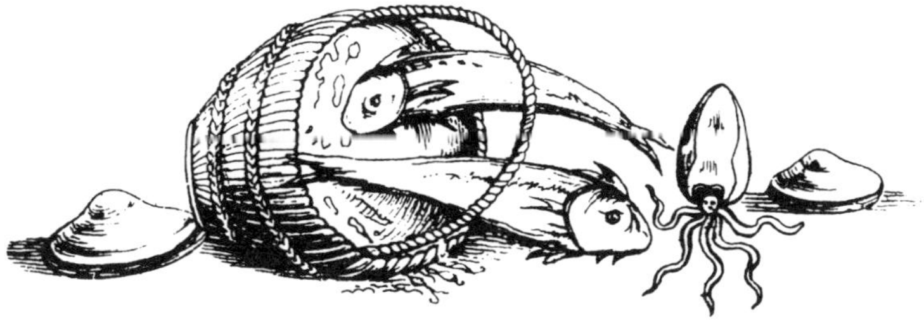

## Sauce für gegrillten, einjährigen Thunfisch
*Ius in pelamide assa*

**Nimm Pfeffer, Liebstöckel, Oregano, frischen Koriander, Zwiebel, entkernte Rosinen, *passum*, Essig, *liquamen* und *defrutum*. Mische dies und lasse es kochen. Diese Sauce kann auch zu gekochtem Fisch serviert werden. Wenn du willst, gib auch Honig dazu.**

Vorbereitung: 10 Min.
Kochzeit: 15 Min.

Für vier Personen:

| | |
|---|---|
| ½ EL | Liebstöckel |
| ½ EL | Oregano |
| 1 EL | Koriander |
| 1 | Zwiebel |
| 2 EL | Rosinen |
| ½ TL | Honig |
| 4 EL | Weißwein |
| 1 EL | Weinessig |
| 4 EL | Austernsauce |
| 1 EL | Marsala |

Zubereitung: Liebstöckel, Oregano, Koriander und Zwiebel fein hacken und mit Rosinen, dem in Wein aufgelösten Honig, Essig, Austernsauce und Marsala mischen. Eine Viertelstunde kochen und mit gegrilltem oder gekochtem (jungem Thun-)Fisch servieren.

## Sauce für Barsch
### *Ius in percam*

**Pfeffer, Liebstöckel, gerösteter Kümmel, Zwiebel, entsteinte Damaszenerpflaumen, Wein, Honigwein, Essig, Öl, *defrutum*. Mische und koche die Sauce.**

Vorbereitung: 15 Min.
Kochzeit: 15 Min.

Für vier Personen:

| | |
|---|---|
| ½ TL | Kümmel |
| 6 | Dörrpflaumen |
| 1 | Zwiebel |
| 1 EL | Sonnenblumenöl |
| 1 EL | Liebstöckel |
| 1 MS | Pfeffer |
| 2 EL | Weißwein |
| ½ TL | Honig |
| 1 EL | Weinessig |
| 2 EL | Sonnenblumenöl |
| 2 EL | Marsala |
| | Salz und Pfeffer |

Zubereitung: Die Kümmelsamen ohne Öl rösten, die eingeweichten Dörrpflaumen entsteinen und klein schneiden. Die gehackte Zwiebel in Öl andämpfen, den Liebstöckel feinhacken. Mit gemahlenem Pfeffer, Wein, Honig, Essig, Öl und Marsala mischen und ca. 15 Minuten köcheln lassen. Mit Salz und Pfeffer abschmecken.

## Sauce für Rotbart (oder eine andere Seebarbenart?)
*Ius in pisce rubellione*

**Pfeffer, Liebstöckel, Wiesenkümmel, Quendel, Selleriesamen, getrocknete Zwiebel, Wein, *passum*, Essig, *liquamen* und Öl. Binde mit Stärkemehl.**

Vorbereitung: 5 Min.
Kochzeit: 15 Min.

Für vier Personen:

| | |
|---|---|
| 6 | Pfefferkörner |
| ½ TL | Kümmel |
| 1 | Zweig Liebstöckel |
| 2 | Zweige Thymian |
| ½ TL | Selleriesamen |
| 1 | Zwiebel |
| 1 EL | Weißwein |
| 2 EL | Portwein |
| 1 EL | Weinessig |
| 1 dl | Gemüsebouillon |
| 2 EL | Sonnenblumenöl |
| 2 TL | Maispulver |
| | Salz und Pfeffer |

Zubereitung: Pfefferkörner, Kümmel, Liebstöckel und Thymian, Selleriesamen, die grob gehackte Zwiebel, Wein, Portwein, Essig, Gemüsebouillon und Öl ca. 10 Minuten köcheln lassen. Absieben und mit Maisstärke binden. Mit Salz und Pfeffer abschmecken.

## Sauce für gekochte Makrele
### *Ius in lacertos elixos*

**Nimm Pfeffer, Liebstöckel, frische Raute, Zwiebel, Honig, Essig, *liquamen* und etwas Öl. Wenn es kocht, binde es mit *amulum.***

Vorbereitung: 5 Min.
Kochzeit: 15 Min.

Für vier Personen:

| | |
|---|---|
| 1 TL | Raute oder 1 EL Cynar |
| 1 EL | Liebstöckel |
| 1 | Zwiebel |
| ½ TL | Pfefferkörner |
| 1 TL | Honig |
| 1 EL | Weinessig |
| 2 EL | Fischsauce |
| 2 EL | Distelöl |
| 1 dl | Wasser |
| 1 TL | Maispulver |

Zubereitung: Raute, Liebstöckel und Zwiebel fein hacken. Mit den Pfefferkörnern, dem Honig, dem Essig, der Fischsauce, dem Öl und dem Wasser mischen und 10 Minuten kochen lassen. Absieben und mit Maispulver binden.

## Sauce für gekochten Thunfisch
*Ius in thynno elixo*

**Nimm Pfeffer, Liebstöckel, Thymian, gemischte frische Kräuter, Zwiebel, Jerichodattel, Honig, Essig, *liquamen*, Öl und Senf.**

Vorbereitung: 10 Min.

Für vier Personen:

| | |
|---|---|
| 1 EL | Petersilie |
| 2 EL | Thymian |
| ½ EL | Liebstöckel |
| 1 | kleine Zwiebel |
| 3 | Datteln |
| ½ TL | Honig |
| 2 EL | Kräuteressig |
| 2 EL | Sojasauce |
| 3 EL | bestes Olivenöl |
| 1 TL | Senf |

Zubereitung: Petersilie, Thymian, Liebstöckel, Zwiebel und Datteln feinhacken. Mit Honig, Essig, Sojasauce, Öl und Senf mischen und kalt servieren.

## Sauce für Aal
*Ius in anguillam*

**Nimm Pfeffer, Liebstöckel, Selleriesamen, Dill, syrischen Sumach, Jerichodattel, Honig, Essig, *liquamen*, Senf und *defrutum*.**

Vorbereitung: 10 Min.

Für vier Personen:

| | |
|---|---|
| ¼ TL | Sumachpulver oder 1 TL Zitronensaft |
| ¼ TL | Selleriesamen |
| ¼ TL | Liebstöckel |
| 1 EL | Dill |
| 2 | Datteln |
| ½ TL | Honig |
| ½ EL | Weinessig |
| 4 EL | Austernsauce |
| ½ TL | Senf |
| 1 EL | Marsala |

Zubereitung: Sumachpulver, Selleriesamen, feingehackten Liebstöckel, Dill und Datteln, Honig, Essig, Austernsauce, Senf und Marsala mischen und kalt servieren.

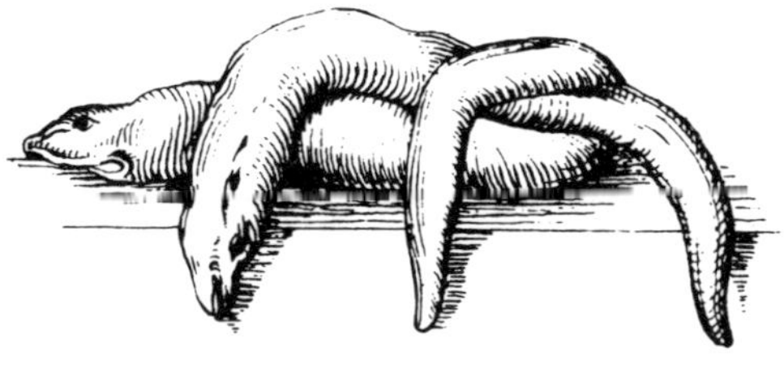

## Geflügel

## Flamingo
*In phoenicoptero*

*Phoenicopterum eliberas, lavas, ornas, includis in caccabum, adicies aquam, salem, anethum et aceti modicum. Dimidia coctura alligas fasciculum porri et coriandri, ut coquatur. Prope cocturam defritum mittis, coloras. Adicies in mortarium piper, cuminum, coriandrum, laseris radicem, mentam, rutam, fricabis, suffundis acetum, adicies caryotam, ius de suo sibi perfundis. Reexinanies in eundem caccabum, amulo obligas, ius perfundis et inferes. Idem facies et in psittaco.*

Rupfe den Flamingo, wasche und dressiere ihn und lege ihn in einen Topf. Gib Wasser, Salz, Dill und ein wenig Essig dazu und verschließe den Topf. Wenn er halb gar ist, binde ein Bündelchen Lauch und Koriander zusammen und lasse es mitkochen. Kurz vor dem Garwerden gieße *defrutum* dazu und färbe damit. Gib in einen Mörser Pfeffer, Kümmel, Koriander, Laserwurzel, Minze und Raute, zerstampfe es, gieße Essig dazu, gib Datteln hinein und gieße vom eigenen Saft darüber. Schütte es in denselben Topf und binde mit Stärkemehl. Gieße die Sauce (über den Vogel) und trage auf.
Dasselbe mache auch für Papagei.

Der in Nordafrika und Ägypten beheimatete Flamingo wurde in Rom zur Kaiserzeit als Prunkvogel gehalten. An der Tafel schätzte man vor allem seine fleischreiche Zunge. Solche Delikatessen verbietet uns natürlich unser modernes Bewußtsein für Natur und Umwelt. Und aus demselben Grund verzichten wir bei den Rezepten auf den folgenden Seiten auch auf die Zubereitung von Singvögeln – auch wenn diese im Süden Europas zuweilen noch auf Märkten angeboten werden.

FLAMINGOS

Rotes Gefieder verleiht mir den Namen, jedoch meine Zunge
schmeckt den Schlemmern. Wie wär's, wenn sie zu reden vermöcht!

Martial, Epigramme XIII 71

## Huhn (oder Spanferkel) mit *conchicla* gefüllt
### *Conchiclatus pullus vel porcellus*

**Entbeine das Huhn von der Brust her und binde die Beine zusammen, indem du sie ausstreckst. Dann bereite die Füllung: Nimm gekochte Erbsen, Hirn, lukanische Würstchen und andere geeignete Dinge. Stampfe Pfeffer, Liebstöckel, Oregano und Ingwer, befeuchte die Mischung mit *liquamen* und schmecke mit *passum* und Wein ab. Lasse dies kochen; wenn es genügend gekocht ist, gib es nach und nach zu der Füllung. Ist diese fertig, gib sie schichtweise in das Huhn, hülle dieses in *omentum*, lege es in eine Kasserolle und lasse es langsam in der Röhre backen.**

Vorbereitung: 30 Min.
Kochzeit: 80 Min.

Für vier Personen:

| | | | |
|---|---|---|---|
| 400 g | Fleisch- und Wurstreste | 2 EL | Marsala |
| 200 g | gekochte Erbsen | 1 EL | Weißwein |
| 1 MS | Pfeffer | 1 | großes Huhn, am besten eine Poularde |
| 1 EL | Liebstöckel | | |
| ½ EL | Oregano | 2 EL | Sojasauce |
| 1 MS | Ingwer | 1 TL | Salz |
| 1 EL | Sojasauce | 1 MS | Pfeffer |

Zubereitung: Fleisch- und Wurstreste (von Braten, Ragout, Schnitzel, Schweinswürstchen etc.) in kleine Stücke schneiden. Mit gekochtem Erbsenpüree, gemahlenem Pfeffer, gehacktem Liebstöckel und Oregano, geraffeltem Ingwer, Sojasauce, Marsala und Weißwein mischen.
Das Huhn auswaschen, gut abtrocknen und mit der Füllung stopfen. Die Haut mit Sojasauce, Salz und Pfeffer würzen und im gewässerten Römertopf ca. 70 Minuten bei 200 Grad im Backofen braten. Für die letzten 10 Minuten den Deckel entfernen.
Im übrigen kann man natürlich ein Huhn auf die angegebene Weise entbeinen, freilich verstehen dies wohl nur absolute Geflügelspezialisten. Ein Spanferkel kann man auf die beschriebene Weise ebenfalls füllen, die Bratzeit in der vorgeheizten Röhre liegt dann zwischen drei und vier Stunden, und es muß immer wieder mit dem eigenen Saft oder mit Bier begossen werden.

## Hühnerfrikassee
### *Esicia amulata aliter*

**Entbeine junge Hühner, zerschneide sie und koche sie gar mit Lauch, Dill, Pfeffer und Salbeisamen, gib dann Mehl, Fischlake und Most dazu, rühre gut um und trage das Frikassee auf.**

Vorbereitung: 5 Min.
Kochzeit: 25 Min.

Für vier Personen:

| | |
|---|---|
| 750 g | geschnetzeltes Hühnerfleisch |
| 2 | Lauchstangen |
| 1 EL | Dill |
| 1 EL | Salbei |
| ¼ TL | Pfeffer |
| 2 dl | Hühnerbouillon |
| 2 TL | Maispulver |
| 2 EL | Sojasauce |
| ½ EL | Marsala |
| | Salz und Pfeffer |

Zubereitung: Geschnetzeltes Hühnerfleisch mit in Ringe geschnittenem Lauch, gehacktem Dill und Salbei sowie gemahlenem Pfeffer ca. 20 Minuten in der Hühnerbouillon kochen. Mit Maispulver binden und mit Sojasauce, Marsala, Salz und Pfeffer abschmecken.

## Sauce für gekochten Strauß
*In strutione elixo*

**Nimm Pfeffer, Minze, gerösteten Kümmel, Selleriesamen, Datteln, Honig, Essig, *passum*, *liquamen* und ein wenig Öl. Lasse dies in einem Topf kochen. Binde mit *amulum*. Gieße die Sauce auf der Servierplatte über den tranchierten Strauß und streue Pfeffer darüber. Wenn du den Strauß aber in der Sauce kochen willst, füge Grütze oder Grieß dazu.**

Vorbereitung: 15 Min.
Kochzeit: 20 Min.

Für vier Personen:

| | |
|---|---|
| ½ TL | Kümmelsamen |
| 4 | Datteln |
| 1 MS | Pfeffer |
| 2 EL | Minze |
| ½ TL | Selleriesamen |
| 1 TL | Honig |
| 1 EL | Kräuteressig |
| 1 EL | Portwein |
| 4 EL | Austernsauce |
| 2 EL | gekochter Grieß |
| 2 EL | Sonnenblumenöl |
| 800 g | Straußenfilets oder Hühnerbrust |
| 2 EL | Sonnenblumenöl |
| | Salz und Pfeffer |

Zubereitung: Die Kümmelsamen in einer Bratpfanne ohne Zugabe von Fett leicht rösten. Die Datteln in Streifen schneiden. Gemahlenen Pfeffer, gehackte Minze, Selleriesamen, die gerösteten Kümmelsamen, die Datteln, Honig, Essig, Portwein, Austernsauce, gekochten Grieß und Öl aufkochen. Die Straußenfilets oder die Hühnerbrüste in Öl anbraten, mit Salz und Pfeffer würzen und in der Sauce 15 Minuten ziehen lassen. Mit Pfeffer bestreuen und servieren.

Wir kochten nur die zweite Variante, da es hierzulande natürlich keinen ganzen Strauß gibt (vermutlich gab es dies auch in Rom höchst selten, wie sich aus dem Erstaunen in den Schilderungen der Gelage Kaiser Elagabals in den «Historia Augusta» schließen läßt). Immerhin sind verschiedentlich Straußenfilets zu erhalten, ansonsten kann man neben Hühner- auch Trutenfilets nehmen.

## Kranich oder Ente mit Rüben
### *Gruem vel anatem ex rapis*

Wasche und dressiere den Vogel und koche ihn in einem großen Topf in Wasser mit Salz und Dill halb gar. Koche die Rüben, um ihnen die Herbheit zu nehmen. Nimm den Vogel aus dem Topf, wasche ihn nochmals und lege ihn in eine Kasserolle mit Öl und *liquamen* und einem Bündel von Lauch und Koriander. Gib eine gewaschene, feingehackte Rübe dazu und lasse das Ganze schmoren. Nach einer Weile gieße *defrutum* hinzu, um Farbe zu geben. Bereite folgende Sauce: Pfeffer, Kümmel, Koriander, Laserwurzel; gib Essig und ein wenig von der Brühe hinzu, gieße dies über die Ente und lasse es aufkochen. Wenn es kocht, binde mit *amulum* und gib das Ganze über die Rüben. Bestreue das Gericht mit Pfeffer und serviere.

Vorbereitung: 15 Min.
Kochzeit: 90 Min.

Für vier Personen:

| | | | |
|---|---|---|---|
| 1 | Ente | 1 MS | Pfeffer |
| ½ l | Salzwasser | 1 MS | Kümmel |
| 1 | Dillzweig | 1 EL | Koriander |
| 4 EL | Sojasauce | ½ TL | Asant oder 1 Zwiebel |
| 2 EL | Distelöl | 1 EL | Weinessig |
| 1 | Karotte | 2 TL | Maispulver |
| 1 | Lauch (nur das Grüne) | | Salz und Pfeffer |
| 1 | Korianderzweig | 800 g | Karotten |
| 1 EL | Marsala | ½ l | Gemüsebouillon |

Zubereitung: Die Ente waschen und in Stücke schneiden. Wenn nötig auch etwas Fett wegschneiden. Die Stücke danach in Salzwasser mit einem Dillzweig ca. 10 Minuten kochen. Herausnehmen und gut abtrocknen. In den gewässerten Römertopf legen und Sojasauce, Öl, eine feingehackte Karotte und ein Bündel aus Lauch und Koriander dazugeben. Im Backofen bei 250 Grad ca. 60 Minuten braten. Danach den Deckel entfernen, Marsala zugeben und nochmals 15 Minuten backen. Mit einer Sauce aus gemahlenem Pfeffer und Kümmel, gehacktem Koriander, Asant oder gehackter, angedämpfter Zwiebel und Essig übergießen, mit Maispulver binden und mit Salz und Pfeffer abschmecken.
Die Karotten rüsten, in Scheiben schneiden und 10 Minuten in Gemüsebouillon kochen. Abtropfen lassen und die Ente darüber anrichten.

## Sauce für gebratenen Kranich oder Ente
*Gruem vel anatem assam*

**Brate den Vogel und übergieße ihn mit folgender Sauce: Stampfe Pfeffer, Liebstöckel und Oregano mit *liquamen*, Honig, etwas Essig und Öl. Gib *amulum* hinzu und auf die Sauce Scheiben von gekochten Gurken oder Taros, und koche sie auf. Wenn vorhanden, koche auch Schweinspfoten und Hühnerleber. Bestreue das Gericht in der Servierschüssel mit Pfeffer und serviere.**

Vorbereitung: 15 Min.
Kochzeit: 1 Std. 50 Min.

Für vier Personen:

| | |
|---|---|
| 1 | Ente |
| | Salz und Pfeffer |
| 2 EL | Sonnenblumenöl |
| ¼ TL | Pfeffer |
| 1 EL | Liebstöckel |
| 1 EL | Oregano |
| 4 EL | Sojasauce |
| ½ TL | Honig |
| ½ EL | Weinessig |
| 1 EL | Distelöl |
| 1 | Gurke |
| 50 g | Hühnerleber |

Zubereitung: Die Ente innen mit Salz und Pfeffer würzen. In einer Bratpfanne Öl erhitzen und die Ente auf allen Seiten anbraten. In den gewässerten Römertopf geben und 90 Minuten bei 250 Grad braten.
In einem Topf gemahlenen Pfeffer, gehackten Liebstöckel und Oregano, Sojasauce, Honig, Essig und Öl erhitzen, die in Ringe geschnittene Gurke und die gehackte Hühnerleber zugeben und 10 Minuten kochen. Die Ente tranchieren und die Stücke in der Sauce ca. 10 Minuten ziehen lassen. Mit Pfeffer bestreuen und servieren.

## Sauce für gekochten Kranich oder Ente
*In grue vel anate elixa*

**Pfeffer, Liebstöckel, Selleriesamen, Raute oder Koriander, Minze, Jerichodattel, Honig, Essig, *liquamen*, *defrutum* und Senf. Du kannst dieselbe Sauce machen, auch wenn du den Vogel in der Kasserolle brätst.**

Vorbereitung: 15 Min.
Kochzeit: 70 Min.

Für vier Personen:

| | |
|---|---|
| ¼ TL | Pfeffer |
| ½ EL | Liebstöckel |
| 1 EL | Koriander |
| 1 EL | Minze |
| 1 TL | Raute oder 1 EL trockener Vermouth |
| ½ TL | Selleriesamen |
| 5 | Datteln |
| 1 TL | Honig |
| 2 EL | Kräuteressig |
| 4 EL | Sojasauce |
| 2 EL | Marsala |
| 2 TL | Senf |
| 1 | Ente |
| | Salz und Pfeffer |

Zubereitung: Aus gemahlenem Pfeffer, gehacktem Liebstöckel, Koriander, Minze und Raute, Selleriesamen, klein geschnittenen Datteln, Honig, Essig, Sojasauce, Marsala und Senf eine Sauce zubereiten. Die Ente innen mit Salz und Pfeffer würzen, in eine Kasserolle geben und die Sauce darübergießen. Im Backofen bei 180 Grad eine gute Stunde braten. Immer wieder mit der Sauce begießen, evtl. etwas Wasser hinzufügen. (Im Gegensatz zu früheren Zeiten scheint es uns heute nicht mehr nötig, Geflügel bei solchen Rezepten vorzukochen).

## Kalte Sauce für Rebhuhn, Haselhuhn oder Turteltaube

*In perdice et attagena et in turture elixis*

**Pfeffer, Liebstöckel, Selleriesamen, Minze, Myrtenbeeren oder Rosinen, Honig, Wein, Essig, *liquamen* und Öl. Serviere dies als kalte Sauce.**

Vorbereitung: 5 Min.

Für vier Personen:

¼ TL Pfeffer
1 EL Liebstöckel
1 EL Minze
1 TL Selleriesamen
1 EL Rosinen
1 TL Honig
2 EL Weißwein
1 EL Aceto Balsamico di Modena
4 EL Sojasauce
2 EL bestes Olivenöl

Zubereitung: Den gemahlenen Pfeffer, den gehackten Liebstöckel und die gehackte Minze, Selleriesamen, Rosinen, Honig, Wein, Aceto Balsamico, Sojasauce und das Öl zu einer sämigen Sauce rühren. Zu gekochtem Rebhuhn oder Taube servieren.

HASELHUHN

**Das jonsche Haselhuhn gilt im Geschmack, sagt man,**
**von allem leckeren Geflügel als bestes.**

Martial, Epigramme XIII 61

## Sauce für Rebhuhn, Haselhuhn oder Turteltaube
*In perdice et attagena et in turture*

**Nimm Pfeffer, Liebstöckel, Minze, Rautensamen, *liquamen*, Wein und Öl. Lasse dies warm werden.**

Vorbereitung: 5 Min.
Kochzeit 10 Min.

Für vier Personen:
¼ TL Pfeffer
1 EL Liebstöckel
1 EL Minze
1 TL Raute oder 1 EL Campari
2 EL Fischsauce
1 EL Weißwein
2 EL Distelöl

Zubereitung: Aus gemahlenem Pfeffer, gehacktem Liebstöckel, Minze und Raute, Fischsauce, Wein und Distelöl eine Sauce mischen und diese 10 Minuten kochen lassen. Im Gegensatz zum vorherigen Rezept zu gebratenem Rebhuhn oder Taube servieren.

FELDHÜHNER

**Ob ich ein Feld- oder Rebhuhn bin, was tut's, wenn es gleich schmeckt.**
**«Rebhuhn ist teurer jedoch.» Dann hat's auch beßren Geschmack.**

Martial, Epigramme XIII 76

## Sauce für verschiedene Vögel
*Ius in diversis avibus*

**Nimm Pfeffer, gerösteten Kümmel, Liebstöckel, Minze, entkernte Rosinen oder Damaszenerpflaumen und ein wenig Honig. Mische mit Myrtenwein, Essig, *liquamen* und Öl. Laß dies heiß werden und rühre mit einem Bündel von Sellerie und Bohnenkraut um.**

Vorbereitung: 15 Min. und 1 Tag
Kochzeit: 5 Min.

Für vier Personen:

| | |
|---|---|
| 6 | Myrtenbeeren |
| 3 EL | Weißwein |
| ½ TL | Kümmelsamen |
| ¼ TL | Pfeffer |
| ½ EL | Liebstöckel |
| 1 EL | Minze |
| 1 | Zweig Selleriekraut |
| 1 | Zweig Bohnenkraut |
| 1 EL | Rosinen |
| ½ TL | Honig |
| 1 TL | Aceto Balsamico di Modena |
| 2 EL | Fischsauce |
| 2 EL | Olivenöl |

Zubereitung: Die Myrtenbeeren 24 Stunden in den Wein einlegen. Die Kümmelsamen ohne Fett in einer Bratpfanne rösten. Aus gemahlenem Pfeffer, gerösteten Kümmelsamen, gehacktem Liebstöckel und Minze, Rosinen, Honig, abgesiebtem Myrtenwein, Aceto Balsamico di Modena, Fischsauce und Olivenöl eine Sauce bereiten, in die auch noch ein Bündel aus Sellerie- und Bohnenkraut gegeben wird.
Diese Sauce 5 Minuten kochen lassen und heiß zu gebratenen Vögeln oder Hühnern servieren.

*Geflügel, ein wichtiger Bestandteil des römischen Speisenplans. Oben: Henne und Hahn; unten: Enten und andere Wasservögel. Wandmalereien aus Pompeji. Neapel, Museo Nazionale*

## Für gegrillte Tauben und Ringeltauben (Sauce)
*In palumbis, columbis assis*

**Nimm Pfeffer, Liebstöckel, Koriander, Wiesenkümmel, getrocknete Zwiebel, Minze, Eidotter, Datteln, Honig, Essig, *liquamen*, Öl und Wein.**

Vorbereitung: 15 Min.

Für vier Personen:

| | |
|---|---|
| ½ EL | Liebstöckel |
| ½ EL | Koriander |
| 1 EL | Minze |
| 3 | Datteln |
| 1 | Zwiebel |
| ¼ TL | Pfeffer |
| ½ TL | Kümmel |
| 2 | Eigelb |
| ½ TL | Honig |
| ½ TL | Aceto Balsamico di Modena |
| 2 EL | Austernsauce |
| 2 EL | bestes Olivenöl |
| 1 EL | herber Weißwein |
| | Salz und Pfeffer |

Zubereitung: Liebstöckel, Koriander und Minze ganz fein hacken, Datteln fein schneiden. Die fein gehackten Zwiebeln andämpfen und alles mit gemahlenem Pfeffer, Kümmel, Eigelb, Honig, Aceto Balsamico di Modena, Austernsauce, Öl und Wein mischen. Mit Salz und Pfeffer abschmecken. Kalt servieren.

RINGELTAUBEN

**Ringeltauben, sie lähmen und schwächen die Kräfte des Mannes.**
**Iß diesen Vogel drum nie, neigst du zu sinnlicher Lust.**

Martial, Epigramme XIII 67

## Wachteln mit Sauce für verschiedene Vögel
*Aliter ius in avibus*

**Nimm Pfeffer, Petersilie, Liebstöckel, trockene Minze und wilden Safran, befeuchte alles mit Wein, gib Haselnüsse oder geröstete Mandeln und etwas Honig mit Wein und Essig hinzu und schmecke mit *liquamen* ab. Gib dies in einen Topf, gieße Öl darüber und lasse es heiß werden. Rühre die Sauce mit einem Bündel von Sellerie und Katzenminze um. Schneide den Vogel und gieße die Sauce darüber.**

Vorbereitung: 10 Min.
Kochzeit: 25 Min.

Für vier Personen:

| | | | |
|---|---|---|---|
| 8 | Wachteln | 1 EL | Minze |
| 1 EL | bestes Olivenöl | ½ TL | Safranfäden |
| 1 EL | Butter | 50 g | geriebene Mandeln |
| 8 | Speckscheiben | ½ TL | Honig |
| 2 EL | Marsala | 4 EL | herber Weißwein |
| 2 EL | Wasser | ½ EL | Kräuteressig |
| 1 EL | Petersilie | | Salz und Pfeffer |
| ½ EL | Liebstöckel | | |

Zubereitung: Die Wachteln innen mit wenig Salz würzen und rundherum in Öl anbraten. Öl, Butter und 4 Speckscheiben in eine Kasserolle geben und die Wachteln so darauflegen, daß sie eng nebeneinander liegen. Nun mit den restlichen Speckscheiben von oben belegen. Bei guter Hitze noch einmal kurz braten, dann mit Marsala und etwas Wasser ablöschen und auf kleinem Feuer eine Viertelstunde schmoren lassen. Die Wachteln herausnehmen und warm stellen, die Speckscheiben entfernen und evtl. einen Teil des Fetts abschöpfen. Die gehackten Kräuter, Safranfäden, Mandeln, Honig, Wein, Essig und evtl. noch ein wenig Wasser dazugeben und die Sauce nochmals kurz aufkochen. Mit Salz und Pfeffer abschmecken und zu den Wachteln servieren.

Die Sauce ist eine von mehreren Saucen für verschiedene Vögel (andere sind auf den folgenden Seiten zu finden). Wie André (Übersetzung, S. 182; vgl. Bibliographie) vermuten wir, daß es sich um Singvögel oder zumindest kleine Vögel handelt. Deshalb haben wir in diesem Rezept Wachteln ausgewählt. Sicher kann man die Sauce aber auch zu allem anderen Geflügel nehmen.

*Römische Delikatessen – auch von Katzen geliebt: Rebhuhn, Enten, Wachteln, Muscheln und Fische. Wandmalerei aus Pompeji. Neapel, Museo Nazionale*

*Stilleben mit Rebhuhn und Granatäpfeln. Wandmalerei aus Herculaneum.*
*Neapel, Museo Nazionale*

## Weiße Sauce für einen gekochten Vogel
*Ius candidum in avem elixam*

**Pfeffer, Liebstöckel, Kümmel, Selleriesamen, Haselnüsse oder geröstete Mandeln oder geschälte Walnüsse, etwas Honig, *liquamen*, Essig und Öl.**

Vorbereitung: 5 Min.

Für vier Personen:
¼ TL Pfeffer
1 MS Kümmel
1 EL Liebstöckel
½ TL Selleriesamen
100 g gemahlene Nüsse, z.B. Haselnüsse, Walnüsse oder Mandeln
½ TL Honig
2 EL Fischsauce
2 TL Aceto Balsamico di Modena
2 EL bestes Olivenöl

Zubereitung: Gemahlenen Pfeffer und Kümmel, gehackten Liebstöckel, Selleriesamen, gemahlene Nüsse, Honig, Fischsauce, Aceto Balsamico di Modena und Olivenöl zu einer Sauce mischen. Kalt zu Geflügel servieren.

Der Name des Rezeptes hat uns etwas verwirrt, da die Nüsse die Sauce zwar hell, aber nicht weiß machen.

## Grüne Sauce für Vögel
*Ius viride in avibus*

**Pfeffer, Wiesenkümmel, Nardenspitze (indische Narde?), Kümmel, Lorbeerblatt, alle Arten von grünen Kräutern, Datteln, Honig, Essig, etwas Wein, *liquamen* und Öl.**

Vorbereitung: 15 Min.
Kochzeit: 10 Min.

Für vier Personen:
¼ TL Pfeffer
¼ TL Kümmel
¼ TL Kreuzkümmel
5 Tropfen Baldrian oder 1 TL Baldriankraut
1 Lorbeerblatt
1 EL Petersilie
1 EL Oregano
1 EL Minze
3 Datteln
½ TL Honig
1 EL Weinessig
2 EL Weißwein
4 EL Austernsauce
2 EL Distelöl

Zubereitung: Pfeffer und Kümmel mahlen. Mit Baldrian, Kreuzkümmel, Lorbeerblatt, den fein gehackten grünen Kräutern, den in Streifen geschnittenen Datteln, Honig, Essig, Wein, Austernsauce und Öl zu einer Sauce mischen. Gut 10 Minuten kochen lassen. Das Lorbeerblatt entfernen und kalt oder warm zu gekochten oder gebratenen Vögeln servieren.

*Eine römische Tafel mit Küchengerät und einem mehrgängigen Menü. Aufnahme im Römerhaus Augst bei Basel*

## Sauce für gekochte Ringeltauben und Tauben
*Aliter in palumbis et columbis*

Nimm Pfeffer, Wiesenkümmel, Selleriesamen, Petersilie, «Mörsergewürz», Datteln, Honig, Essig, Wein, Öl und Senf.

## Sauce für gekochte Tauben auf andere Art
*Aliter*

Pfeffer, Liebstöckel, Petersilie, Selleriesamen, Raute, Pinienkerne, Datteln, Honig, Essig, *liquamen*, Senf und nicht zu viel Öl.

## Weiße Sauce für gekochte Gans
*Ius candidum in ansere elixo*

**Pfeffer, Wiesenkümmel, Kümmel, Selleriesamen, Thymian, Zwiebel, Laserwurzel, geröstete Pinienkerne, Honig, Essig, *liquamen* und Öl.**

Vorbereitung: 5 Min.
Kochzeit: 5 Min.

Für vier Personen:

| | |
|---|---|
| 100 g | Pinienkerne |
| 1 | Zwiebel |
| 2 EL | Butter |
| ¼ TL | Pfeffer |
| 1 MS | Kümmel |
| 1 EL | Thymian |
| ¼ TL | Selleriesamen |
| ½ TL | Honig |
| 1 EL | Essig |
| 3 EL | Fischsauce |
| 2 EL | bestes Olivenöl |
| | Salz und Pfeffer |

Zubereitung: Die Pinienkerne in Butter leicht rösten und zerstampfen, die gehackte Zwiebel andämpfen. Zusammen mit gemahlenem Pfeffer und Kümmel, gehacktem Thymian, Selleriesamen, Honig, Essig, Fischsauce und Öl zu einer Sauce verrühren. Mit Salz und Pfeffer abschmecken und zu gekochter Gans servieren.

Uns fielen natürlich die vielen Rezepte zu gekochtem Geflügel auf. Wir erklären uns das so, daß wohl das meiste Federvieh die zähe Konsistenz eines heutigen Suppenhuhns aufwies und nicht die oft auf grausame Weise hochgezüchtete Zartheit unserer heutigen Hühnchen, Enten oder Gänse. So versteht man auch, daß die meisten Saucen ohne den eigentlichen Bratensaft auskommen.

## Heiße, gekochte Gans mit kalter Sauce à la Apicius
*Anserem elixum calidum ex iure frigido Apiciano*

**Stampfe Pfeffer, Liebstöckel, Koriandersamen, Minze und Raute im Mörser, befeuchte mit *liquamen* und etwas Öl und rühre gut durch. Trockne die heiße, gekochte Gans mit einem sauberen Tuch, gieße die Sauce darüber und serviere.**

Vorbereitung: 15 Min.
Kochzeit: 2 Std. 50 Min.

Für vier Personen:

| | |
|---|---|
| 1 | Gans |
| | Salz und Pfeffer |
| 2 EL | Sojasauce |
| 1 TL | Pfeffer |
| ½ TL | Koriandersamen |
| 4 EL | Liebstöckel |
| 4 EL | Minze |
| 1 TL | Raute oder 1 dl trockener Vermouth |
| 2 dl | Sojasauce |
| 2 dl | Distelöl |

Zubereitung: Die Gans reinigen, abtrocknen und mit Salz und Pfeffer würzen. In den gewässerten Römertopf geben (wir entschieden uns gegen das Kochen; vgl. dazu die Anmerkung zum vorherigen Rezept) und zugedeckt 2 Stunden bei 220 Grad schmoren lassen. Danach den Deckel entfernen, mit dem eigenen Saft und mit Sojasauce immer wieder begießen. Nach 30 Minuten wenden und nochmals 20 Minuten begießen.
Für die Sauce Pfeffer und Koriandersamen mahlen, Liebstöckel und Minze hacken und mit der zerbröselten Raute, Sojasauce und Öl gut mischen. Zur tranchierten Gans servieren.

## Kalte, ungekochte Sauce für gekochtes Huhn
*In pullo elixo ius crudum*

**Zerstampfe im Mörser Dillsamen, getrocknete Minze und Laserwurzel; befeuchte mit Essig, füge Jerichodatteln hinzu, gieße *liquamen* und etwas Senf darüber, mische mit Öl und *defrutum* und serviere so.**

Vorbereitung: 10 Min.

Für vier Personen:

| | |
|---|---|
| 1 | Zwiebel |
| 2 EL | Dill |
| 1 EL | Minze |
| 2 | Datteln |
| 1 TL | Aceto Balsamico di Modena |
| 2 EL | Austernsauce |
| ½ TL | Senf |
| 2 EL | Distelöl |
| 1 EL | Marsala |

Zubereitung: Die gehackte Zwiebel andämpfen und mit fein gehacktem Dill und gehackter Minze, den in kleine Streifen geschnittenen Datteln, Aceto Balsamico di Modena, Austernsauce, Senf, Öl und Marsala vermischen.

## Huhn auf andere Art
*Pullum*

**Mische die Sauce aus dem vorherigen Rezept mit etwas Honig und *liquamen*. Nimm das gekochte Huhn aus dem Topf, trockne es mit einem sauberen Tuch ab, mache Einschnitte in die Haut und gieße Sauce in diese hinein. Wenn die Sauce eingezogen ist, brate das Huhn und bestreiche es mit einem Federbüschel mit seinem eigenen Saft. Bestreue mit Pfeffer und serviere.**

Vorbereitung: 75 Min.
Kochzeit: 10 Min.

Für vier Personen:

| | |
|---|---|
| | Sauce des vorangehenden Rezepts |
| 1 TL | Honig |
| 1 EL | Sojasauce |
| 1 | gekochtes Huhn (oder bei Variante ungekocht) |
| 2 EL | Bratbutter |
| | Pfeffer |

Zubereitung: Die kalte, ungekochte Sauce (vorangehendes Rezept) mit Honig und Sojasauce verfeinern. Das gekochte und abgetrocknete Huhn zerteilen und in der Sauce 1 Stunde marinieren. Abtrocknen und braten. Mit Pfeffer bestreuen.

Das Ganze ergibt ein sehr wohlschmeckendes Essen. Es ist aber gegenüber dem Rezept eine sehr einfache Variante. Die aufwendigere ist, ein Huhn zu nehmen, vorsichtig an einigen Stellen die Haut einzuritzen, um sie so etwas abheben zu können, und dann mit einem Pinsel die Sauce zwischen Haut und Fleisch aufzutragen. Das Huhn im Ofen braten und immer wieder mit seinem eigenen Saft bestreichen. Ähnlich wie bei einer Peking-Ente wird nun die Haut zur besonderen Delikatesse. Wir fanden allerdings, daß auch schon unsere einfachere Variante einen sehr reizvollen Geschmack ergibt und bezweifeln ein wenig, ob sich die aufwendigere Variante wirklich lohnt.

## Huhn auf parthische Art
### *Pullum parthicum*

**Öffne das Huhn am hinteren Ende und dressiere es auf einem Brett. Stampfe Pfeffer, Liebstöckel und etwas Kümmel, befeuchte es mit *liquamen* und mische es mit Wein. Lege das Huhn in einen irdenen Topf und gieße die Sauce darüber. Löse etwas frischen Laser in lauwarmem Wasser auf, übergieße das Huhn damit und lasse es schmoren. Bestreue es mit Pfeffer und serviere.**

Vorbereitung: 10 Min.
Zubereitung: 65 Min.

Für vier Personen:

| | |
|---|---|
| 1 | Huhn (ca. 1,2 kg) |
| 2 EL | Sojasauce |
| ½ TL | Pfeffer |
| 1 EL | Liebstöckel |
| ¼ TL | Kümmel |
| ¼ TL | Asant oder 1 kleine gehackte Zwiebel |
| 2 EL | Austernsauce |
| 1 dl | trockener Weißwein |

Zubereitung: Das gewaschene und getrocknete Huhn mit Sojasauce bestreichen und in den gewässerten Römertopf legen. Aus Pfeffer, Liebstöckel, Kümmel, Asant oder gehackter Zwiebel, Austernsauce und Weißwein eine Sauce bereiten und sie zum Huhn geben. In den kalten Backofen geben. Dann den Backofen auf 250 Grad aufheizen und das Huhn eine gute Stunde schmoren lassen. Während der letzten zehn Minuten den Deckel wegnehmen und das Huhn knusprig bräunen. Tranchieren und mit ein wenig Pfeffer bestreut servieren. Die Sauce aus dem Römertopf separat dazugeben.

## Huhn à la Fronto
### *Pullum Frontonianum*

**Brate das Huhn an, würze es mit einer Mischung von *liquamen* und Öl sowie mit einem Bündel von Dill, Lauch, Bohnenkraut und frischem Koriander, und lasse es darin schmoren. Wenn das Huhn gar ist, nimm es heraus, lege es auf eine Platte, gieße *defrutum* darüber, bestreue es mit Pfeffer und serviere.**

Vorbereitung: 10 Min.
Kochzeit: 50 Min.

Für vier Personen:

| | |
|---|---|
| 1 | Huhn |
| | Salz und Pfeffer |
| 2 EL | Sojasauce |
| 2 EL | Sonnenblumenöl |
| je 1 | Dill-, Bohnenkraut und Korianderzweig |
| | das Grün vom Lauch |
| 2 EL | Marsala |

Zubereitung: Das Huhn innen mit Salz und Pfeffer würzen, in eine geölte Kasserolle geben, mit Sojasauce und Öl bepinseln. Ein Bündel aus Dill, Bohnenkraut, Koriander und Lauch dazulegen und im Backofen bei 200 Grad ca. 45 Minuten schmoren lassen. Das Huhn immer wieder mit dem Bratensaft bestreichen. Danach das Huhn und das Kräuterbündel aus der Kasserolle nehmen. Den Bratenjus in eine Pfanne abseihen, mit Marsala verfeinern, nochmals aufkochen und über das tranchierte Huhn gießen.

MASTHÜHNER

**Fett wird gewiß durch süßes Mehl die gefällige Henne,**
**fett auch durch Dunkel. Wieviel denkt sich der Gaumen nicht aus!**

Martial, Epigramme XIII 62

## Huhn auf numidische Art
*Pullum Numidicum*

**Richte das Huhn zu, koche es, nimm es aus dem Wasser, bestreue es mit Laser und Pfeffer und brate es. Stampfe Pfeffer, Kümmel, Koriandersamen, Laserwurzel, Raute, Jerichodatteln und Pinienkerne; gieße Essig, Honig, *liquamen* und Öl dazu, rühre durch. Wenn es kocht, dicke mit *amulum* an, gieße die Sauce über das Huhn, bestreue es mit Pfeffer und serviere.**

Vorbereitung: 20 Min.
Kochzeit: 2 Std. 15 Min.

Für vier Personen:

| | | | |
|---|---|---|---|
| 3 l | Wasser | 50 g | Pinienkerne |
| 1½ EL | Salz | ¼ TL | Pfeffer |
| 1 | Zwiebel | 1 MS | Kümmel |
| 1 | Lorbeerblatt | 1 MS | Koriandersamen |
| 2 | Nelkenköpfe | 1 | Zwiebel |
| 1 | Karotte | 4 | Datteln |
| 1 | Rosmarinzweig | ¼ TL | Raute oder 1 EL Cynar |
| 1 | Huhn (Poularde) | 1 EL | Weinessig |
| 1 MS | Asant | 1 TL | Honig |
| 1 MS | Pfeffer | 4 EL | Sojasauce |
| 2 EL | Bratbutter | 2 EL | Distelöl |
| | | 1 TL | Maispulver |
| | | | Pfeffer |

Zubereitung: Aus Wasser, Salz, einer mit Lorbeer und Nelkenköpfen besteckten Zwiebel, Karotte und Rosmarin einen Sud herstellen und das Huhn darin ca. 2 Stunden kochen. Danach abkühlen lassen, zerschneiden, mit Asant und Pfeffer bestreuen und in Bratbutter braten. (Wir haben uns hier einmal genau an die Vorschrift gehalten und deshalb eine große, fette Poularde genommen.)
Für die Sauce die Pinienkerne zerstampfen, Pfeffer, Kümmel und Koriandersamen mahlen, die gehackte Zwiebel andämpfen und die Datteln kleinschneiden. Mit Raute (Cynar), Essig, Honig, Sojasauce und Öl verrühren und 10 Minuten kochen. Nun mit Maispulver binden und über das Huhn gießen, mit Pfeffer bestreuen und servieren.

## Gekochtes Huhn
### *Pullum elixum ex iure suo*

**Stampfe Pfeffer, Kümmel, etwas Thymian, Fenchelsamen, Minze, Raute, Laserwurzel; befeuchte mit Essig, füge Jerichodatteln hinzu und stampfe nochmals. Mische mit Honig, *liquamen* und Öl. Gieße diese Sauce über das kalte und abgetrocknete Huhn und serviere.**

Vorbereitung: 15 Min.
Kochzeit: 2 Std.

Für vier Personen:

| | | | |
|---|---|---|---|
| 3 l | Wasser | ¼ TL | Pfeffer |
| 1½ EL | Salz | 1 MS | Kümmel |
| 1 | Zwiebel | ½ EL | Thymian |
| 1 | Lorbeerblatt | 1 EL | Minze |
| 2 | Nelkenköpfe | 1 | Zwiebel |
| 1 | Karotte | 4 | Datteln |
| 1 | Rosmarinzweig | ½ TL | Raute oder 1 EL Campari |
| 1 | große Poularde | ½ TL | Fenchelsamen |
| | | 3 EL | Kräuteressig |
| oder | | 1 TL | Honig |
| 800 g | geschnetzeltes Huhn | 2 EL | Sojasauce |
| 1 EL | Sonnenblumenöl | 3 EL | bestes Olivenöl |
| | | | Salz und Pfeffer |

Zubereitung: Das Huhn wie im vorigen Rezept beschrieben kochen. Abkühlen lassen, die Knochen entfernen und das Fleisch in mundgerechte Stücke schneiden. (Wir würden hier die einfachere Variante empfehlen: geschnetzeltes Hühnerfleisch kurz anbraten!)
Für die Sauce den Pfeffer und den Kümmel mahlen, den Thymian und die Minze hacken, die gehackte Zwiebel andämpfen, die Datteln klein schneiden und mit Raute, Fenchelsamen, Essig, Honig, Sojasauce und Olivenöl mischen. Mit dem kalten Huhn vermengen und mit Salz und Pfeffer abschmecken. Kalt serviert, ergibt das einen ausgesprochen aparten Hühnersalat.

## Huhn à la Varius
*Pullus Varianus*

**Koche das Huhn mit folgender Sauce: mit *liquamen*, Öl und Wein, einem Bündelchen Lauch, Koriander und Bohnenkraut. Wenn es gar ist, stampfe Pfeffer und Pinienkerne, gieße etwas vom eigenen Saft dazu, nachdem du das Bündel entfernt hast, und stimme mit etwas Milch ab. Gieße den Inhalt des Mörsers über das Huhn. Binde alles mit zerstampften, gekochten Eiweißen, lege das Huhn auf eine Platte und übergieße es mit der oben beschriebenen Sauce. Diese wird «weiße Sauce» genannt.**

Vorbereitung: 10 Min.
Kochzeit: 75 Min.

Für vier Personen:

| | | | |
|---|---|---|---|
| 1 | Huhn (ca. 1,2 kg) | 1 | Tasse Pinienkerne |
| 2 EL | Olivenöl | 1 dl | Hühnerbouillon |
| 1 dl | herber Weißwein | ½ dl | Milch |
| 1 TL | Anchovis | 2 | Eiweiß |
| | das Grün eines Lauchstengels | | Salz und Pfeffer |
| 1 | Zweig Koriander | 1 TL | Stärkemehl (evtl.) |
| 1 | Zweig Bohnenkraut | | |

Zubereitung: Das gewaschene und getrocknete Huhn mit Salz einreiben und in den gewässerten Römertopf legen. Öl, Wein und Anchovis dazugießen und das Bündel aus Lauch, Koriander und Bohnenkraut dazulegen. Im Backofen ca. 60 Minuten bei 220 Grad schmoren lassen. Danach das Kräuterbündel entfernen, die Sauce abgießen und das Huhn mit offenem Deckel bei 250 Grad ca. 10 Minuten knusprig werden lassen. Gleichzeitig die Sauce mit den zerstampften Pinienkernen, der Hühnerbouillon, dem kleingehackten Eiweiß und dem Pfeffer mischen und nochmals in einer Pfanne aufkochen. Evtl. mit Stärkemehl binden. Über dem in Portionen geschnittenen Huhn anrichten.

Bei diesem Rezept gibt es in den verschiedenen Apicius-Ausgaben größere Abweichungen. Offenbar war es sehr beliebt und jeder Bearbeiter veränderte es ein wenig nach seinem Gusto. Bei Hühnern, wie wir sie heute kaufen, wäre ein Vorkochen sicher unsinnig. Um den römischen *liquamen*-touch erzielen zu können, haben wir diesmal die Anchovis mitgekocht.

## Huhn in Milch- und Mehlsauce
*Pullus tractogalatus*

Schmore das Huhn in *liquamen* und Öl mit einem Bündel von frischem Koriander und frischen Zwiebeln. Wenn es gar ist, nimm es aus der Brühe und gieße Milch, etwas Salz, Honig und ganz wenig Wasser in einen neuen Topf. Lasse es auf kleinem Feuer warm werden. Rühre Mehl an und gib es nach und nach hinzu, unter ständigem Umrühren, um das Anbrennen zu verhindern. Lege das Huhn ganz oder zerteilt hinein und gib dann das Ganze in eine Schüssel. Gieße die folgende Sauce darüber: Pfeffer, Liebstöckel, Oregano, Honig, etwas *defrutum* und etwas von der Hühnerbrühe; rühre gut um. Bringe die Sauce in einem kleinen Topf zum Kochen. Wenn es kocht, binde mit *amulum* und serviere.

Vorbereitung: 15 Min.
Kochzeit: 80 Min.

Für vier Personen:

| | |
|---|---|
| 1 | Huhn (ca. 1 kg) |
| | Salz und Pfeffer |
| 4 EL | Sojasauce |
| 2 EL | Distelöl |
| 2 | Zweige Koriander |
| 2 | Frühlingszwiebeln mit dem Grün |
| 4 dl | Milch |
| ½ TL | Honig |
| ½ TL | Salz |
| 2 EL | Mehl |
| 1 dl | Wasser |
| ¼ TL | Pfeffer |
| 1 EL | Liebstöckel |
| 1 EL | Oregano |
| ½ TL | Honig |
| ½ EL | Marsala |
| 5 EL | Bratenjus |
| 1 TL | Maispulver |

Zubereitung: Das Huhn innen mit Salz und Pfeffer würzen und in den gewässerten Römertopf geben. Sojasauce, Öl und ein Bündel aus Korianderzweigen und Frühlingszwiebeln dazugeben. Im Backofen bei 200 Grad ca. 70 Minuten schmoren lassen, dabei mehrmals wenden. Den Bratenjus abseihen und das Huhn zerteilen. Milch, Honig und Salz in einer Pfanne erhitzen. Mehl in Wasser anrühren und nach und nach zur Milch geben. Unter ständigem Rühren 15 Minuten köcheln lassen. Dann das Huhn in die Milchsauce geben und zusammen mit folgender Sauce servieren: Gemahlener Pfeffer, gehackter Liebstöckel und Oregano, Honig, Marsala und Bratenjus mischen, 5 Minuten kochen lassen und mit Maispulver binden.

## Hühnersalat à la Apicius
*Sala cattabia Apiciana*

**Stampfe und mische im Mörser Selleriesamen, getrocknetes Flohkraut, getrocknete Minze, Ingwer, frischen Koriander, entkernte Rosinen, Honig, Essig, Öl und Wein. Lege Stücke von picentinischem Brot in eine Auflaufform und darüber schichtweise Hühnerfleisch, Ziegenbrieschen, vestinischen Käse, Pinienkerne, Gurken und feingehackte Zwiebeln. Gieße die Sauce darüber. Kühle in Schnee und serviere.**

Vorbereitung: 4 Std.
Kochzeit: 30 Min.

Für vier Personen:

| | |
|---|---|
| 100 g | Kalbsbries |
| ½ EL | Essig |
| 1 TL | Zitronensaft |
| 1 EL | Butter |
| 200 g | Hühnerbrust |
| 1 EL | Bratbutter |
| | Salz und Pfeffer |
| 1 TL | Selleriekraut |
| 1 TL | Zitronenmelisse |
| 1 TL | Minze |
| 1 TL | Korianderstengel |
| ½ TL | Ingwer |
| 2 EL | Sultaninen |
| 2 TL | flüssiger Honig |
| 4 EL | Weinessig |
| 4 EL | Distelöl |
| 100 g | Pecorino |
| 1 | Gurke |
| 1 | Zwiebel |
| 2 EL | Pinienkerne |
| 1 dl | Milch |
| ¼ TL | Honig |
| 4 | Scheiben Grahambrot oder Toastbrot aus Vollkornmehl |

Zubereitung: Das Bries in kaltem Wasser ca. 2 Stunden einweichen. Danach eine weitere Stunde in ½ Liter Wasser mit ½ EL Essig legen. Herausnehmen, in einem Liter Wasser, in den man 1 EL Salz und 1 TL Zitronensaft gegeben hat, eine Viertelstunde knapp unter dem Siedepunkt garen. In der Kochflüssigkeit abkühlen lassen, behutsam die Außenhaut entfernen. Das Bries in mundgerechte Stücke teilen und in heißer Butter wenden. Mit Pfeffer vorsichtig würzen.
Das Hühnerfleisch in mundgerechte Stücke schneiden und in Bratbutter gut durchbraten. Mit Salz und Pfeffer würzen.
Für die Sauce feingehacktes Selleriekraut, Zitronenmelisse, Minze, Korianderstengel und Ingwer mit Sultaninen, Honig, Weinessig und Distelöl mischen.
Pro Person einen Teller mit einer in Honigmilch eingetauchten Scheibe Brot belegen, das erkaltete Fleisch mit dem gewürfelten Pecorino (harter Schafsmilchkäse aus Italien), den Pinienkernen, der in feine Scheiben geschnittenen Gurke und der gehackten Zwiebel mischen und auf dem Brot anrichten. Die Sauce darüber gießen und kalt servieren.

Dieses Gericht liegt uns besonders am Herzen, da wir mit ihm den Reigen unserer altrömischen Menüs eröffneten, weil wir als erstes etwas kochen wollten, was möglicherweise von Apicius selbst kreiert worden war. Es ist ein aufwendiges Gericht, führte uns aber sehr gut in die altrömische Geschmacksrichtung ein, und am Schluß konnten wir sagen: Es hat sich gelohnt!

## Gefülltes Huhn
*Pullus farsilis*

**Nimm das Huhn vom Hals her aus. Stampfe Pfeffer, Liebstöckel, Ingwer, gehacktes Fleisch, gekochte Grütze oder Grieß und in Fleischbrühe gekochtes Hirn, schlage Eier auf und verarbeite das Ganze zu einer glatten Masse. Schmecke mit *liquamen* ab und füge einige Pfefferkörner und reichlich Pinienkerne hinzu. Mit dieser Mischung fülle das Huhn, aber so, daß ein wenig Platz bleibt. Dieselbe Füllung kann man auch für einen Kapaun benutzen. Vor dem Kochen muß der Vogel ausgebeint werden.**

Vorbereitung: 15 Min.
Kochzeit: 90 Min.

Für vier Personen:

| | | | |
|---|---|---|---|
| 50 g | gehacktes Kalbfleisch | 1 MS | Ingwer |
| 30 g | Grieß | 2 EL | Sojasauce |
| 1 dl | Geflügelbouillon | 10 | Pfefferkörner |
| ½ | gekochtes Kalbshirn | 30 g | Pinienkerne |
| 2 | Eier | 1 | großes Huhn (1,2 kg) |
| 1 MS | Pfeffer | | Salz und Pfeffer |
| ½ EL | Liebstöckel | 2 EL | Sonnenblumenöl |

Zubereitung: Das gehackte Fleisch anbraten. Den Grieß in der Geflügelbouillon 30 Minuten kochen lassen. Das Hirn fein hacken. Die Eier schlagen und mit Fleisch, Grieß, Hirn, gemahlenem Pfeffer, gehacktem Liebstöckel, geschabtem Ingwer und Sojasauce zu einer glatten Masse rühren. Pfefferkörner und Pinienkerne zugeben. Das Huhn innen und außen mit Salz und Pfeffer würzen und mit der Masse füllen. An den Öffnungen zunähen, ein wenig Platz sollte im Inneren noch sein, da die Masse leicht aufgeht. In eine mit Öl bestrichene Kasserolle geben und im Backofen bei 200 Grad ca. 50 Minuten braten.

Wir würden empfehlen, das Huhn mit einer der Saucen für gebratenes Geflügel zu servieren. Falls man einen Geflügelhändler findet, der das Huhn von innen ausbeinen kann (oder das gar selbst beherrscht), sollte man das machen lassen. Es sieht sehr attraktiv aus, wenn man das gefüllte Huhn am Tisch in Scheiben schneiden kann.

## Fleisch

## Leberwürstchen
*Omentata*

**Befreie eine Schweinsleber von Sehnen und Haut, brate und hacke sie und vermische dies mit Pfeffer, Raute und Fischlake. Aus der Masse mache mit einem Schweinenetz kleine Würstchen und wickle deren jede in ein Lorbeerblatt. Dann hänge sie so lange in den Rauch, wie du willst. Zum Gebrauch brate sie.**

Vorbereitung: 15 Min. und ca. 5 Tage räuchern
Kochzeit: 5 Min.

Für vier Personen:

| | |
|---|---|
| 600 g | Schweins- oder Kalbsleber |
| 1 EL | Bratbutter |
| 1 TL | Raute oder 1 EL Cynar |
| ¼ TL | Pfeffer |
| 3 EL | Austernsauce |
| | Salz (evtl.) |
| 4 | Darmnetze |
| 4 | Lorbeerblätter |

Zubereitung: Leber in Bratbutter kräftig anbraten. Durch den Fleischwolf drehen. Raute (oder Cynar) und Pfeffer mahlen, Austernsauce dazugeben und mit der Leber mischen. Die Darmnetze im Wasser einweichen, auslegen und mit einem Lorbeerblatt belegen, die Leber dazugeben und gut verschließen. Zum Räuchern aufhängen. Vor dem Servieren nochmals braten.

Hierzu muß man natürlich jemanden kennen, der noch räuchert. Wir müssen ehrlich zugeben, daß wir mit einigen unserer Wurstrezepte zu unserem Quartiermetzger Hans Rudolf Sager gingen, sie mit ihm durchsprachen, für eine größere Menge die Gewürzmischung machten und ihm und seiner neuen Wurstmaschine den Rest der Arbeit überließen. Nach dem Räuchern war das Ergebnis nicht nur sehr ansprechend, sondern konnte sogar noch verkauft werden.

## Gehirnfrikadellen
*Isicium*

**Im Reibstein verarbeite Pfeffer, Liebstöckel, Majoran und gib *liquamen* dazu. Koche inzwischen Hirne, stampfe sie gründlich, damit es keine Klümpchen gibt. Füge sie nebst fünf ganzen, gut verklopften Eiern zu den Gewürzen und verarbeite alles zu einem gleichmäßigen Teig, befeuchte ihn mit Lake, schütte ihn in eine Bronzeschüssel und lasse ihn garen. Dann schneide ihn in mundgerechte Stücke und richte diese auf einer Servierschüssel an.**
**Als Sauce verreibe im Mörser Pfeffer, Liebstöckel und Oregano, mische diese gut mit Fischlake, lasse es aufkochen, mache Teigkrümel und binde es damit. Schließlich lasse die Sauce einkochen, rühre gut um und schütte alles über die Stücke. Bestreue das Ganze mit Pfeffer und serviere.**

Vorbereitung: 3 Std.
Kochzeit: 45 Min.

Für vier Personen:

| | | | |
|---|---|---|---|
| 500 g | Kalbshirn oder Bries | Sauce: | |
| 1 | Zitrone | 4 EL | Austernsauce |
| 1 EL | Liebstöckel | 5 EL | Portwein |
| 1 TL | Oregano | 1 TL | Liebstöckel |
| 2 EL | süße Sojasauce | ½ TL | Oregano |
| 3 | Eier | 1 TL | Maisstärke |
| | Salz, Pfeffer | | Salz, Pfeffer |

Zubereitung: Das Kalbshirn oder Bries im mehrfach zu wechselnden kalten Wasser ca. 2 Stunden einweichen. Für eine weitere Stunde in kaltes Essigwasser einlegen (1 EL Essig auf 1 l Wasser).
Danach das Hirn ca. 15 Minuten in Salzwasser mit einem Zitronenspritzer garen. Das abgekühlte Hirn vorsichtig enthäuten. Im Mixer mit Salz, Pfeffer, Liebstöckel, Oregano, Sojasauce und den Eiern vermischen. Die Masse in eine eingefettete Auflaufform gießen und sie zugedeckt für 20 Minuten in den auf 200 Grad vorgeheizten Backofen geben. Das fertige Soufflé stürzen und in kleine Würfel schneiden.
Die Austernsauce und den Portwein zusammen mit den kleingehackten Liebstöckel und Oregano erhitzen, mit in wenig Wasser aufgelöster Maisstärke binden und mit Salz und Pfeffer abschmecken. Die Sauce über die Würfel gießen und mit Pfeffer bestreuen.

## Crépinettes
*Isicia omentata*

**Gehacktes Fleisch verarbeite mit in Wein eingeweichtem, entkrustetem Weizenbrot. Zerstoße damit zugleich auch *liquamen*, Pfeffer und, wenn du willst, auch mit ein paar geschälten Myrtenbeeren zu einer Farce, forme daraus kleine Würstchen, bestreue sie mit Pfeffer und Pinienkernen, wickle sie in Netzstücke und lasse die Würstchen in Most schmoren.**

Vorbereitung: 15 Min.
Kochzeit: 35 Min.

Für vier Personen:

| | |
|---|---|
| 4 | Toastscheiben |
| ½ dl | Weißwein |
| 600 g | gehacktes Fleisch (Lamm, Schwein, Rind oder gemischt) |
| 1 TL | Anchovis |
| | Salz, Pfeffer |
| 20 | Pfefferkörner |
| 10 | Pinienkerne |
| 2 | Darmnetze |
| 4 | Lorbeerblätter |
| 2 cl | Grappa (evtl.) |
| 2 dl | Marsala |
| | Olivenöl |

Zubereitung: Die Toastscheiben ohne Kruste hacken und in den Weißwein einlegen. Auspressen und mit dem gehackten Fleisch, gemahlenem Pfeffer, Salz, Anchovis, Pinienkernen und Pfefferkörnern vermengen. Daraus vier Bouletten formen. Die Darmnetze (eines reicht gut für zwei Crépinettes) im Wasser einweichen, auslegen und mit einem Lorbeerblatt und den Bouletten füllen, die dann gut umhüllt und verschlossen werden. In Olivenöl zuerst auf der Verschlußseite, dann auf der oberen Seite anbraten, evtl. mit Grappa beträufeln (wir fanden das noch sehr apart!) und zugedeckt ca. 30 Minuten schmoren lassen. Crépinettes warm stellen, Bratenfond mit Marsala aufkochen und über die Crépinettes verteilen. Eine zweite mögliche Variante wäre, die Crépinettes zu grillen und dabei mit Marsala zu beträufeln. Dies bietet sich an, wenn man sowieso mehrere Gerichte grillt, ansonsten ergibt sich durch das Schmoren ein intensiverer, exotischer Geschmack.

## Lukanische Würstchen
*Lucanicae*

**Mische gut zerkleinertes Schweinefleisch, Pfeffer, Kümmel, Boretsch, Raute, Petersilie, Lorbeerfrüchte – alles fein geschnitten – und Fischlake dazu und arbeite das Ganze wegen des vielen Fettes nochmals mit Fischlake, ganzem Pfeffer und Piniennüssen gut durch. Mit dieser Masse fülle, sie sehr vorsichtig vorschiebend, Därme, und hänge sie in den Rauch.**

Vorbereitung: 15 Min.
Kochzeit: 45 Min. plus Räucherzeit

Für vier Personen:

| | |
|---|---|
| 300 g | Rindfleisch |
| 200 g | Schweinefleisch |
| 200 g | Speck |
| ¼ TL | Pfeffer |
| ¼ TL | Kümmel |
| ½ EL | Bohnenkraut |
| 1 EL | Petersilie |
| 1 TL | Raute oder 1 EL Cynar |
| ½ EL | Liebstöckel |
| 1 EL | Oregano |
| 20 g | Pinienkerne |
| 2 TL | Anchovis |
| ½ TL | Pökelsalz |
| 1 TL | Pfefferkörner |
| | Wursthaut |

Zubereitung: Das Fleisch zweimal durch den Fleischwolf drehen. Pfeffer und Kümmel mahlen, Bohnenkraut, Petersilie, Raute, Liebstöckel, Oregano und Pinienkerne hacken. Fleisch, Kräuter und Gewürze, Anchovis, Salz und Pfefferkörner gut mischen und in die Wursthaut füllen. In Wasser kalt aufsetzen und auf ca. 80 Grad erhitzen. 40 Minuten ziehen lassen. Eine Woche in den Rauch hängen und kalt servieren.

Das Ergebnis waren, dank der gütigen Mithilfe unseres Metzgers, ausgezeichnete Würstchen! Noch besser schmeckten sie nach einem zweiten Versuch, als wir sie nur kurz anräucherten und dann auf den Grill legten.

## Bratwürstchen
*Farcimina*

**Gekochtes Speltmehl verarbeite mit gehacktem und zerriebenem Fleisch, Pfeffer, Fischlake und Piniennüssen zu einer Farce. Damit fülle Därme, koche die Würstchen und brate sie dann. Schneide sie in Scheiben und trage sie mit Senf auf.**

Vorbereitung: 15 Min.
Kochzeit: 60 Min.

Für vier Personen:

| | |
|---|---|
| 50 g | Grieß |
| 2 dl | Milch |
| 1 dl | Wasser |
| ½ TL | Salz |
| 400 g | Schweinefleisch |
| 200 g | Speck |
| ¼ TL | gemahlener Pfeffer |
| ¼ TL | Salz |
| 2 EL | Austernsauce |
| 2 EL | Pinienkerne |
| | Wursthaut |

Zubereitung: Die Milch und das Salzwasser aufkochen und den Grieß dazurühren. Ca. 30 Minuten kochen, evtl. Wasser nachschütten. Es soll ein dicker Brei entstehen. Das gehackte Fleisch mit Pfeffer, Salz und Austernsauce würzen. Die gehackten Pinienkerne und den Grieß dazugeben, gut mischen und in Wursthaut füllen. In kaltem Wasser aufsetzen und bei 80 Grad ca. 20 Minuten ziehen lassen.
Die Würste abtrocknen und grillen. Mit Senf servieren.

## *Conchicla* à la Apicius
*Conchiclam Apicianam*

**Nimm einen sauberen irdenen Kochtopf und koche Erbsen darin. Füge in Scheiben geschnittene lukanische Würstchen, kleine Klößchen aus Schweinefleisch, verschiedenes aufgeschnittenes Fleisch und Vorderschinken hinzu. Stampfe Pfeffer, Liebstöckel, Oregano, Dill, Zwiebel und frischen Koriander, befeuchte die Mischung mit *liquamen* und schmecke sie mit Wein und *liquamen* ab. Gib diese zu den Erbsen in den Topf und füge Öl hinzu; stich überall hinein, so daß das Öl eindringen kann. Koche auf kleinem Feuer und serviere.**

Vorbereitung: 15 Min. und 12 Std. Einweichzeit
Kochzeit: 90 Min.

Für vier Personen:

| | |
|---|---|
| 300 g | getrocknete Erbsen |
| ½ l | Mineralwasser |
| 2 | Schweinswürstchen |
| 300 g | gekochte Fleischresten (Braten, Ragout) |
| 100 g | Schinken am Stück |
| 1 | Zwiebel |
| 1 EL | Sonnenblumenöl |
| 1 MS | Pfeffer |
| ½ EL | Liebstöckel |
| ½ EL | Oregano |
| 1 EL | Dill |
| ½ EL | Koriander |
| 2 EL | Fischsauce |
| 1 EL | Weißwein |
| 2 EL | bestes Olivenöl |
| | Salz und Pfeffer |

Zubereitung: Die Erbsen ca. 12 Stunden in Mineralwasser legen. Danach gut 1 ½ Stunden in Wasser kochen lassen. Die Schweinswürstchen 20 Minuten in heißem Wasser ziehen lassen und in Rädchen schneiden. Die Fleischreste und den Schinken in mundgerechte Stücke schneiden. Die gehackte Zwiebel andämpfen und mit gemahlenem Pfeffer, gehacktem Liebstöckel, Oregano, Dill und Koriander, Fischsauce und Weißwein mischen und zu den abgetropften Erbsen und dem Fleisch geben. Nochmals aufkochen und bestes Olivenöl darunterziehen. Mit Salz und Pfeffer abschmecken.

## Alltags-*patina*
## *Patina cotidiana*

**Stampfe gekochtes Hirn mit Pfeffer und mische es mit Kümmel, Laser, *liquamen, caroenum,* Milch und Eiern. Koche dies über kleinem Feuer oder im Dampf.**

Vorbereitung: 40 Min. und 3 Std. Einweichzeit
Kochzeit: 30 Min.

Für vier Personen:

| | |
|---|---|
| 700 g | Kalbshirn |
| 1 EL | Essig |
| 2 EL | Salz |
| 2 TL | Zitronensaft |
| ¼ TL | Pfeffer |
| ¼ TL | Kümmel |
| ¼ TL | Asant oder 1 gehackte, gedämpfte Zwiebel |
| 2 EL | Austernsauce |
| 1 EL | Marsala |
| 1 dl | Milch |
| 4 | Eier |
| 2 TL | Butter |

Zubereitung: Das Kalbshirn 2 Stunden lang in kaltes Wasser legen, anschließend 1 Stunde in kaltes Essigwasser (1 l Wasser, 1 EL Essig). Danach das Hirn in 2 l Wasser, dem 2 EL Salz und 2 TL Zitronensaft beigefügt sind, eine Viertelstunde knapp vor dem Siedepunkt ziehen lassen. Das Hirn von der Außenhaut und von den weißen Adern an der Unterseite befreien, hacken und mit gemahlenem Pfeffer und Kümmel, Asant oder Zwiebel, Austernsauce, Marsala, Milch und Eiern mischen. In eine gebutterte Auflaufform geben und auf dem Kochherd ca. 30 Minuten bei mittlerer Hitze erstarren lassen.

Ob dieser Auflauf wirklich nur für den Alltag war?

## Frikassee à la Matius
*Minutal Matianum*

Gib Öl, *liquamen* und Fleischbrühe in einen Topf. Hacke Lauch, Koriander und kleine Fleischklößchen. Zerschneide gekochte Schweineschulter samt der Schwarte in Würfel. Lasse all dies zusammen kochen. Wenn es halb gar ist, füge zerschnittene und entkernte Äpfel hinzu. Während dies kocht, zerstampfe im Mörser Pfeffer, Kümmel, frischen Koriander oder Korianderkörner, Minze und Laserwurzel, gieße Essig, Honig, *liquamen*, etwas *defrutum* und ein wenig Fleischbrühe dazu, vermische dies mit noch etwas Essig. Bringe das zusammen mit dem Fleisch zum Kochen. Wenn es kocht, binde es mit Teigkrümeln. Bestreue mit Pfeffer und serviere.

Vorbereitung: 10 Min.
Kochzeit: 90 Min.

Für vier Personen:

| | |
|---|---|
| ½ l | Fleischbouillon |
| 1 EL | Olivenöl |
| 2 EL | Sojasauce |
| 200 g | Kalbsbrät |
| 700 g | Schweinsragout |
| 2 | Kochäpfel |
| 1 MS | Pfeffer |
| 1 MS | Kümmel |
| 1 EL | Koriander |
| ½ EL | Minze |
| ¼ TL | Asant oder eine gedämpfte, feingehackte Zwiebel |
| ½ EL | Weinessig |
| 1 TL | Honig |
| 1 EL | Sojasauce |
| 2 EL | Marsala |
| 2 TL | Maispulver |
| | Salz und Pfeffer |

Zubereitung: Fleischbouillon mit Öl und Sojasauce aufkochen. Kalbsbrät zu kleinen Kugeln formen, in die heiße Bouillon geben und 10 Minuten kochen. Die Fleischkügelchen abschöpfen und beiseite stellen. Das Schweinsragout in die Bouillon geben und ca. 75 Minuten kochen. Die Äpfel schälen, entkernen, in Würfel schneiden und 5 Minuten mitkochen. Pfeffer und Kümmel mahlen, Koriander und Minze hacken und mit Asant, Essig, Honig, Sojasauce und Marsala mischen, zum Fleisch geben und nochmals 5 Minuten kochen. Maispulver in etwas Wasser auflösen und zusammen mit den Fleischkügelchen dazugeben. Aufkochen, mit Salz und Pfeffer abschmecken und servieren.

Dieses vorzügliche Gericht ist nach Matius, einem Freund Julius Caesars benannt. Matius, der Verfasser eines Buches über Hauswirtschaft war, hatte auch Apfelsorten veredelt, eine hieß nach ihm *malum Matianum.* Vermutlich wurde ihm deshalb dieses Gericht, dem ja gute Kochäpfel die besondere Note geben, gewidmet.

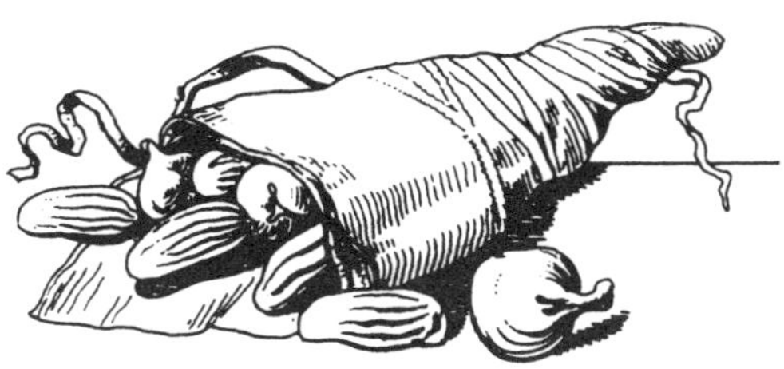

## Frikassee mit Aprikosen
*Minutal ex praecoquiis*

**Gib Öl, *liquamen* und Wein in einen Topf, schneide Schalotten hinein und füge gekochte, in Würfel geschnittene Schweinsschulter hinzu. Wenn all dies gekocht hat, stampfe im Mörser Pfeffer, Kümmel, getrocknete Minze und Dill, gieße Honig, *liquamen*, *passum*, etwas Essig und etwas von der Schweinsbrühe hinzu. Gib entsteinte Aprikosen dazu. Bringe dies zum Kochen und lasse es kochen, bis es gar ist. Dicke das Gericht mit Teigkrümeln an. Bestreue mit Pfeffer und serviere.**

Vorbereitung: 10 Min.
Kochzeit: 90 Min.

Für vier Personen:

| | |
|---|---|
| 800 g | Schweinsragout |
| 3 EL | Distelöl |
| 2 | Schalotten |
| ¼ l | Rotwein |
| 4 EL | Sojasauce |
| 500 g | Aprikosen |
| 1 MS | Pfeffer |
| 1 MS | Kümmel |
| 1 EL | Dill |
| 2 EL | Minze |
| 1 TL | Honig |
| 1 EL | Birnendicksaft |
| ½ EL | Weinessig |
| 2 TL | Maispulver |
| | Salz und Pfeffer |

Zubereitung: Das Schweinsragout im heißen Öl anbraten, die gehackten Schalotten dazugeben und mit Wein und Sojasauce ablöschen. Zugedeckt 75 Minuten schmoren lassen. Die Aprikosen entsteinen und zusammen mit gemahlenem Pfeffer und Kümmel, gehacktem Dill und Minze, Honig, Birnendicksaft und Essig unter das Fleisch mischen. Nochmals 10 Minuten kochen, mit in Wasser aufgelöstem Maispulver binden, mit Salz und Pfeffer abschmecken und servieren.

## Schweineeuter
*Sumen*

**Koche das Euter, rolle es ein und stecke es mit Rohrstäbchen zusammen; bestreue es mit Salz und gib es in den Ofen oder auf den Grill. Grille leicht. Stampfe Pfeffer, Liebstöckel, *liquamen* und befeuchte mit Wein und *passum*, binde mit *amulum* und gieße die Sauce sorgfältig über das Euter.**

Vorbereitung: 2 ¼ Std.
Kochzeit: 2 ¼ Std.

Für vier Personen:

| | | | |
|---|---|---|---|
| 600 g | Schweine- oder Kuheuter | 1 dl | Weißwein |
| 2 l | Essigwasser | ¼ TL | Pfeffer |
| 1 | Lorbeerblatt | 1 EL | Liebstöckel |
| 2 | Nelkenköpfe | 2 EL | Fischsauce |
| 1 | Zwiebel | 1 EL | Portwein |
| 1 | Karotte | 2 dl | Kochwasser |
| 1 | Stück Sellerieknollen | 2 TL | Maispulver |
| 1 | Lauch (nur das Grün) | | Salz und Pfeffer |
| 2 l | Wasser | | |
| 2 TL | Salz | | |

Zubereitung: Das Euter waschen und 2 Stunden in Essigwasser wässern. Eine mit Lorbeerblatt und Nelke besteckte Zwiebel, Karotte, Sellerie und Lauch in Salzwasser erhitzen und das Euter darin 2 Stunden kochen. (Von dem Kochwasser 2 dl aufheben.) Abtrocknen, in Stücke schneiden, zusammenrollen und mit Zahnstochern zusammenstecken. Mit Salz bestreuen und kurz grillen.
Den Wein aufkochen, gemahlenen Pfeffer, gehackten Liebstöckel, Fischsauce, Portwein und etwas Kochwasser dazugeben und mit Maispulver binden. Mit Salz und Pfeffer abschmecken und zum Euter servieren.

Schweineeuter galten im alten Rom als besondere Delikatesse. Den meisten von uns schaudert es ein wenig, wenn wir es uns als Essen vorstellen. Wenn man das Euter aber wie beschrieben behandelt und lange wässert, schmeckt das Ganze – wenn man von seinen Vorstellungen und Gefühlen etwas abstrahieren kann – nicht schlecht.

## *Oenogarum* für Schweinsleber
## *In ficato oenogarum*

**Nimm Pfeffer, Thymian, Liebstöckel, *liquamen*, etwas Wein, Öl.**

Vorbereitung: 5 Min.
Kochzeit: 10 Min.

Für vier Personen:

| | |
|---|---|
| 1 MS | Pfeffer |
| 1 EL | Thymian |
| ½ EL | Liebstöckel |
| 3 EL | Sojasauce |
| 1 EL | Weißwein |
| 2 EL | Olivenöl |
| | Salz und Pfeffer |

Zubereitung: Gemahlenen Pfeffer, gehackten Thymian und Liebstöckel, Sojasauce, Wein und Öl erhitzen und 10 Minuten köcheln lassen. Absieben, mit Salz und Pfeffer abschmecken und zu gebratener Schweinsleber servieren.

## Schweinsleber auf andere Art
*Aliter ficatum*

**Schneide die Leber mit einem Rohrstengel ein, mariniere sie in *liquamen* mit Pfeffer, Liebstöckel und zwei Lorbeerfrüchten. Wickle sie in *omentum* (Netzhaut), grille sie langsam und serviere.**

Vorbereitung: 70 Min.
Kochzeit: 5 Min.

Für vier Personen:

| | |
|---|---|
| 600 g | Schweinsleber |
| 3 EL | Sojasauce |
| 1 MS | Pfeffer |
| ½ EL | Liebstöckel |
| 2 | Lorbeerfrüchte |
| 4 | Stücke Darmnetz |

Zubereitung: Die Leber kleinschneiden und in einer Marinade aus Sojasauce, gemahlenem Pfeffer, gehacktem Liebstöckel und Lorbeerfrüchten ca. 1 Stunde marinieren. Lorbeerfrüchte entfernen, Leberstücke ausdrücken und in die Darmnetze geben. Gut verschließen und bei kleiner Hitze ca. 5 Minuten grillen.

## **Zicklein- oder Lammleber**
### *Iecinera haedina vel agnina*

**Bereite Honigwasser und mische es mit in Milch verrührten Eiern. Mache Einschnitte in die Leber und lasse diese Flüssigkeit einziehen. Koche die Leber in *oenogarum*, bestreue sie mit Pfeffer und serviere.**

Vorbereitung: 20 Min.
Kochzeit: 5 Min.

Für vier Personen:

| | |
|---|---|
| 600 g | Lammleber |
| 2 | Eier |
| 1 dl | Milch |
| ½ TL | Honig |
| 2 EL | Wasser |
| 4 EL | Sojasauce |
| 2 EL | Weißwein |
| | Pfeffer |

Zubereitung: Die Eier aufschlagen und mit Milch und in Wasser aufgelöstem Honig mischen. In die ganzen Lebern einige Einschnitte machen und in der Flüssigkeit 15 Minuten marinieren. Die Leber abtropfen lassen und in der Sojasauce und dem Wein 4 Minuten kochen. Mit gemahlenem Pfeffer bestreuen und servieren.

## Lunge
*In pulmonibus*

**Wasche die Lunge in Milch und lasse soviel wie möglich von der Milch einziehen. Dann schlage 2 Eier auf, gib ein paar Salzkörner und einen Löffel Honig dazu, rühre glatt und fülle die Lunge mit dieser Mischung. Koche sie in Wasser und schneide sie in Stücke. Stampfe Pfeffer, gib *liquamen*, *passum* und Wein dazu. Faschiere die Lunge und gieße dieses *oenogarum* darüber.**

Vorbereitung: 15 Min. und 3 Std.
Kochzeit: 55 Min.

Für vier Personen:

| | |
|---|---|
| 800 g | Kalbslunge |
| 1 l | Milch |
| 2 | Eier |
| 1 TL | Honig |
| 1 TL | Salz |
| ¼ TL | Pfeffer |
| 4 EL | Austernsauce |
| 2 EL | Marsala |
| 1 EL | Weißwein |

Zubereitung: Die Lunge vorbereiten, indem grobe Haut und Röhren weggeschnitten werden. Danach für zwei Stunden in Milch einlegen. Die Eier schlagen, Honig und Salz dazugeben, die Lunge in diese Mischung legen und nochmals eine Stunde darin liegen lassen. Herausnehmen und in Salzwasser ca. 50 Minuten garziehen lassen. Gemahlenen Pfeffer, Austernsauce, Marsala und Wein mischen und kurz aufkochen. Die Lunge hacken und mit der warmen Sauce begießen.

## Ragout à la Ostia
*Ofellas Ostienses*

Markiere auf einem Stück Fleisch auf der Haut, wo du es später tranchieren willst, aber so, daß die Haut noch zusammenhält. Stampfe Pfeffer, Liebstöckel, Dill, Kümmel, Silphium, eine Lorbeerfrucht; befeuchte mit *liquamen* und stampfe nochmals. Gib dies mit Fleisch in einen Topf und lasse es zwei bis drei Tage stehen. Dann nimm das Fleisch heraus, binde es kreuzweise zusammen und gib es in die Röhre. Wenn es gar ist, zerteile es in die vorher markierten Stücke. Stampfe Pfeffer und Liebstöckel, befeuchte mit *liquamen* und gieße etwas *passum* dazu, um zu süßen. Wenn diese Sauce kocht, dicke sie mit *amulum* an. Laß die Fleischstücke in der Sauce ziehen und serviere.

Vorbereitung: 15 Min. und 2 Tage
Kochzeit: 2 Std.

Für vier Personen:

| | | | |
|---|---|---|---|
| 800 g | Kalbsbrust | 3 dl | Sojasauce |
| ¼ TL | Pfeffer | 1 MS | Pfeffer |
| 2 EL | Liebstöckel | 1 EL | Liebstöckel |
| 1 EL | Dill | 3 EL | Sojasauce |
| ½ TL | Kümmelsamen | 1 EL | Marsala |
| ½ TL | Asant oder 1 gedämpfte, feingehackte Schalotte | 2 dl | Wasser |
| | | 1 TL | Maispulver |
| 4 | Lorbeerfrüchte | | Salz und Pfeffer |

Zubereitung: Die Kalbsbrust – es sollte sich um ein flaches Stück handeln – gitterartig (ca. 2 x 2cm) einschneiden, so daß sie nur angeritzt ist. Für zwei Tage in eine Marinade aus gemahlenem Pfeffer, Liebstöckel, Dill, Kümmelsamen, Asant oder gehackter, gedämpfter Schalotte, Lorbeerfrüchten und Sojasauce einlegen. Das Fleisch danach abtrocknen, zusammenrollen und binden. Im vorher gewässerten Römertopf bei 200 Grad ca. 100 Minuten schmoren. Herausnehmen und an den angeritzten Stellen in Stücke schneiden. Aus gemahlenem Pfeffer, gehacktem Liebstöckel, Sojasauce, Marsala und Wasser eine Sauce mischen und aufkochen, mit Maispulver binden und mit Salz und Pfeffer abschmecken. Die Fleischstücke dazugeben und nochmals 15 Minuten ziehen lassen.

## Fleischrouladen à la Apicius
### *Ofellas Apicianas*

**Entbeine das Fleisch, rolle und binde es zusammen und gib es in die Röhre. Lasse die Fleischstücke bräunen, nimm sie heraus und trockne sie auf dem Rost bei kleinem Feuer, damit sie ihren Saft verlieren; achte darauf, daß sie nicht verbrennen. Stampfe Pfeffer, Liebstöckel, Zyperngras-Wurzel, Kümmel; mische mit *liquamen* und *passum*. Gib die Rouladen mit dieser Sauce in einen Topf. Wenn sie gar sind, nimm sie heraus, lasse sie trocknen und serviere sie ohne Sauce, mit Pfeffer bestreut. Sollten die Fleischstücke zu fett sein, entferne man die Haut, wenn man sie zusammenbindet. Man kann diese Art von Rouladen auch mit Schweinebauch machen.**

Vorbereitung: 10 Min.
Kochzeit: 2 Std. 10 Min.

Für vier Personen:
800 g Schweinskarree ohne Knochen
3 EL Sonnenblumenöl
½ TL Pfeffer
2 EL Liebstöckel
½ TL Kümmelsamen
2 Frühlingszwiebeln mit Grünzeug
4 EL Austernsauce
2 EL Marsala

Zubereitung: Das Fleisch zu einer Rolle binden und in eine Kasserolle legen. Das Öl dazugeben und das Fleisch rundherum gut anbraten. Danach gemahlenen Pfeffer, gehackten Liebstöckel, Kümmelsamen, Frühlingszwiebel, Austernsauce und Marsala dazugeben und bei 180 Grad ca. 120 Minuten im Backofen schmoren.

Wir sind – auch durch den Hinweis im Rezept auf den Schweinebauch – davon ausgegangen, daß es sich hier eher um eine einzige Rolle handelt, also um einen Rollbraten, nicht um die uns geläufige Art von Rouladen oder Fleischvögeln.

## Braten mit Salz und Honig
*Assaturam*

**Brate das Fleisch in der Röhre mit reichlich Salz bestreut. Serviere mit Honig.**

Vorbereitung: 10 Min.
Kochzeit: 2 Std. 10 Min.

Für vier Personen:
800 g Schweinebraten
250 g Salz
4 EL Wasser
2 EL Honig

Zubereitung: Das Salz mit dem Wasser mischen und den Braten damit dicht einkleiden. Im gewässerten Römertopf bei 200 Grad etwa 2 Stunden schmoren. Den Salzmantel abkratzen, mit flüssigem Honig bestreichen und zugedeckt 10 Minuten stehen lassen. Aufschneiden und servieren.

Ein auf den ersten Blick merkwürdig anmutendes Rezept, das aber zu einem erstaunlich guten Braten führt.

## Braten auf andere Art
### *Aliter assaturas*

**Stampfe ausgekernte, getrocknete Myrtenbeeren mit Kümmel, Pfeffer, Honig, *liquamen, defrutum* und Öl, bringe es zum Kochen und binde mit *amulum*. Koche das Fleisch zuerst in Wasser, dann brate es leicht, bestreue mit Salz, gieße die Sauce darüber, bestreue mit Pfeffer und serviere.**

Vorbereitung: 20 Min.
Kochzeit: 2 ¼ Std.

Für vier Personen:

| | | | |
|---|---|---|---|
| 1 | Karotte | 2 EL | Distelöl |
| 1 | Stück Sellerieknolle | ½ TL | Salz |
| 1 | Lauch | 4 | Myrtenbeeren |
| 1 | Stück Kohl | ¼ TL | Kümmel |
| 1 | Zwiebel | ¼ TL | Pfeffer |
| 1 | Lorbeerblatt | ½ TL | Honig |
| 2 | Nelkenköpfe | 3 EL | Sojasauce |
| 2 | Markknochen | 1 EL | Marsala |
| 2 l | Wasser | 2 dl | Fleischbrühe |
| 1 EL | Salz | 2 EL | Olivenöl |
| 800 g | Rindfleisch zum Sieden | 2 TL | Maispulver |

Zubereitung: Karotte, Sellerie, Lauch und Kohl putzen und in Stücke schneiden. Die ungeschälte Zwiebel mit Lorbeerblatt und Nelke bestecken. Das Gemüse zusammen mit den Knochen ins kalte Wasser geben und aufkochen. Salzen und das Fleisch dazugeben. Gut 2 Stunden garziehen lassen. Das Fleisch herausnehmen und abtrocknen. (Die Brühe kann als Suppe verwendet werden.) In heißem Öl anbraten, aufschneiden, mit Salz bestreuen und mit folgender Sauce begießen: Zerstampfte Myrtenbeeren und Kümmel, gemahlenen Pfeffer, Honig, Sojasauce, Marsala, Fleischbrühe und Olivenöl erwärmen, 5 Minuten kochen und mit Maispulver binden.

## Gebratenes Halsstück
*Assaturas in collare*

**Koche das Fleisch. Gib Pfeffer, Gewürzkräuter, Honig und *liquamen* in eine Pfanne und laß das Fleisch in dieser Mischung im Backofen gar schmoren. Man kann den gekochten Hals, wenn man will, auch ohne die Sauce braten und die heiße Sauce über das abgetrocknete Fleisch gießen.**

Vorbereitung: 20 Min.
Kochzeit: 2 Std. 20 Min.

Für vier Personen:

| | | | |
|---|---|---|---|
| 1 | Karotte | 1 EL | Salz |
| 1 | Stück Sellerieknolle | 800 g | Rindfleisch vom Hals |
| 1 | Lauch | ¼ TL | Pfeffer |
| 1 | Stück Kohl | 1 | Zweig Liebstöckel |
| 1 | Zwiebel | 1 | Zweig Rosmarin |
| 1 | Lorbeerblatt | 1 | Zweig Oregano |
| 2 | Nelkenköpfe | ½ TL | Honig |
| 2 | Markknochen | 2 EL | Fischsauce |
| 2 l | Wasser | 1 dl | Fleischbrühe |

Zubereitung: Karotte, Sellerie, Lauch und Kohl putzen und in Stücke schneiden. Die ungeschälte Zwiebel mit Lorbeerblatt und Nelke bestecken. Das Gemüse zusammen mit den Knochen ins kalte Wasser geben und aufkochen. Salzen und das Fleisch dazugeben. Gut 90 Minuten garziehen lassen. Das Fleisch in eine Kasserolle legen. Mit gemahlenem Pfeffer, einem Bündel aus Liebstöckel, Rosmarin und Oregano, Honig, Fischsauce und Fleischbrühe eine Sauce zubereiten und zum Fleisch gießen. Im Backofen bei 200 Grad ca. 45 Minuten schmoren.

Angesichts der doch recht langwierigen Zubereitung des Fleisches in diesem und dem vorhergehenden Rezept erlauben wir uns, auf der folgenden Seite eine Alternative dazu anzubieten, auch wenn sie nicht 2000 Jahre alt ist:

Da das Fleisch – vor allem das Rindfleisch – der Römerzeit vermutlich recht zäh und angesichts der in alten Zeiten chronisch schlechten Zähne schwer zu beißen war, werden viele Braten und Fleischstücke vorgekocht. Mit dem Ergebnis, daß sie recht fade schmeckten, was auch die römischen Gourmets wußten, die sich deshalb auf die vielen höchst differenzierten und unterschiedlich schmeckenden Saucen konzentrierten. Auch das Kochbuch des Apicius ist aus diesem Grund voller Saucenrezepte für gekochtes (und dann gebratenes oder geschmortes) Fleisch.

Heute aber hat unser Fleisch das Vorkochen nicht mehr nötig, deshalb geben wir als Alternative zu den vorgekochten römischen Braten der letzten Rezepte ein heutiges, das gutes Fleisch nicht vergewaltigt. Unsere geschmorten Rindsplätzli eignen sich auch hervorragend, um all die schönen Fleischsaucen auf den kommenden Seiten auszuprobieren.

## Geschmorte Rindsplätzli

Vorbereitung: 5 Min.
Kochzeit: 90 Min.

Für vier Personen:

| | |
|---|---|
| 8 | Rindsplätzli |
| 4 EL | Olivenöl |
| 4 EL | Rotwein |
| 1 | Knoblauchzehe |
| | Salz, Pfeffer |

Zubereitung: Rindsplätzli in eine große Bratpfanne legen, mit Olivenöl, Rotwein und durchgepreßtem Knoblauch beträufeln und mit Salz und Pfeffer bestreuen. Pfanne mit Deckel zudecken und die Rindsplätzli auf dem Kochherd bei mittlerer Hitze ca. 1 ½ Stunden schmoren lassen. Das Fleisch mit Haushaltpapier trockentupfen und mit einer Sauce servieren.

## Sauce für alle Arten von gekochtem Fleisch
*Ius in elixam omnem*

**Nimm Pfeffer, Liebstöckel, Oregano, Raute, Silphium, Zwiebel, Wein, *caroenum*, Honig, Essig und etwas Öl. Trockne das gekochte Fleisch und lasse es auf einem Tuch abtropfen, gieße die Sauce darüber.**

Vorbereitung: 10 Min.
Kochzeit: 5 Min.

Für vier Personen:

| | |
|---|---|
| 2 | Schalotten |
| 1 EL | Liebstöckel |
| 1 EL | Oregano |
| ½ TL | Honig |
| 1 dl | Weißwein |
| 2 EL | Marsala |
| 1 EL | weißer Vermouth |
| ½ EL | Essig |
| 2 EL | bestes Olivenöl |

Zubereitung: Die gehackten und angedämpften Schalotten mit den gehackten Kräutern und dem Honig, Wein, Marsala, Vermouth, Essig und Olivenöl mischen. Sehr gut verrühren und kalt stellen. Vor dem Servieren aus dem Kühlschrank nehmen, noch einmal alles vermengen und kalt auftragen.

## Weiße Sauce für gekochtes Fleisch
*Ius candidam in elixam*

**Nimm Pfeffer, *liquamen*, Wein, Raute, Zwiebel, Pinienkerne, Würzwein und ein wenig von eingeweichten Brotkrümeln, wovon die Sauce dicker werden soll, und Öl. Wenn dies gekocht hat, gieße es über das Fleisch.**

Vorbereitung: 10 Min.
Kochzeit: 10 Min.

Für vier Personen:

| | |
|---|---|
| 4 | Toastscheiben |
| 1 dl | Milch |
| 1 | Zwiebel |
| 4 EL | Sonnenblumenöl |
| ¼ TL | Pfeffer |
| 1 EL | Fischsauce |
| 2 EL | Weißwein |
| 1 EL | trockener, weißer Vermouth (Noilly Prat) |
| 20 g | Pinienkerne |

Zubereitung: Zunächst die Kruste der Toastbrote entfernen und das Brot in Milch legen. Inzwischen die fein gehackte Zwiebel in Sonnenblumenöl dämpfen und dann den Pfeffer, die Fischsauce, den Wein und den Vermouth sowie die Pinienkerne und das ausgedrückte Brot hinzugeben. Alles etwa 5 Minuten köcheln lassen und dann mit dem Mixer pürieren. Nochmals abschmecken und zu dem gekochten oder geschmorten Fleisch servieren.

## Weiße Sauce für Schnitzel
*In copadiis ius album*

**Nimm Pfeffer, Kümmel, Liebstöckel, Rautensamen und Damaszenerpflaumen. Gieße Wein dazu und mische mit *mulsum* und Essig. Rühre mit einem Bündel von Thymian und Oregano um.**

Vorbereitung: 10 Min. und 12 Std. Einweichzeit
Kochzeit: 10 Min.

Für vier Personen:

| | |
|---|---|
| 50 g | gedörrte Pflaumen |
| 1 dl | Wasser |
| 1 dl | herber Weißwein |
| 1 EL | Weinessig |
| 1 TL | Honig |
| ½ EL | Liebstöckel |
| 1 MS | gemahlener Pfeffer |
| 1 MS | gemahlener Kümmel |
| ½ TL | Raute oder 1 EL Cynar |
| 1 | Zweig Thymian |
| 1 | Zweig Oregano |

Zubereitung: Die Pflaumen über Nacht im Wasser einlegen und klein schneiden. Wein, Essig, Honig, den gehackten Liebstöckel, Pfeffer, Kümmel, Raute oder Cynar und die Pflaumen mit dem Einweichwasser aufkochen. Je einen Zweig Thymian und Oregano zusammenbinden und mitkochen. Abschmecken und zum Fleisch servieren.

## Sauce für Schnitzel
*Ius in copadiis*

**Nimm Pfeffer, Liebstöckel, Kümmel, Minze, Nardenblüte, Lorbeerblatt, ein Eidotter, Honig, Honigwasser, Essig, *liquamen* und Öl. Rühre mit einem Bündel von Bohnenkraut und Lauch um, binde mit *amulum*.**

Vorbereitung: 10 Min.
Kochzeit: 20 Min.

Für vier Personen:

| | |
|---|---|
| 3 | hartgekochte Eier |
| ½ EL | Liebstöckel |
| 1 EL | Minze |
| 1 MS | Kümmel |
| 1 MS | Pfeffer |
| 1 TL | Orangenblüten oder ½ TL Orangensenf |
| ½ TL | Honig |
| 1 EL | Kräuteressig |
| 2 EL | Austernsauce |
| 1 EL | Distelöl |
| 1 dl | Wasser |
| 1 | Lorbeerblatt |
| 1 | Zweig Bohnenkraut |
| | etwas Grün vom Lauch |
| 1 TL | Maispulver |

Zubereitung: Die Eidotter mit den gehackten Kräutern, dem gemahlenen Pfeffer und dem Kümmel zerdrücken. Dann die Orangenblüten bzw. den Orangensenf, Honig, Essig und Austernsauce mit dem Öl mischen und Wasser hinzugeben. Schließlich das Lorbeerblatt sowie ein Bündel aus Bohnenkraut und Lauchgrün beigeben und alles ca. 15 Minuten köcheln lassen. Mit Maispulver binden, abschmecken und servieren.

## Weiße Sauce für Schnitzel auf andere Art
*Ius album in copadiis*

**Mische Pfeffer, Liebstöckel, Kümmel, Selleriesamen, Thymian, eingeweichte Pinienkerne, eingeweichte und geschälte Nüsse, Honig, Essig, *liquamen* und Öl.**

Vorbereitung: 10 Min. und 8 Std. Einweichzeit

Für vier Personen:

| | |
|---|---|
| 50 g | Pinienkerne |
| 2 dl | Milch |
| 30 g | gemahlene Mandeln |
| ½ EL | Liebstöckel |
| ¼ EL | Thymian |
| 1 MS | Pfeffer |
| 1 MS | Kümmel |
| ½ TL | Selleriesalz |
| ½ TL | Honig |
| ½ EL | Kräuteressig |
| 2 EL | Fischsauce |
| 2 EL | Walnussöl |

Zubereitung: Die Pinienkerne in Milch 8 Stunden einlegen. Im Mörser zerstampfen und die gemahlenen Mandeln dazugeben. Die Kräuter hacken und mit den Nüssen, dem gemahlenen Pfeffer und Kümmel, Selleriesalz, Honig, Essig, Fischsauce und Öl mischen. Abschmecken und kalt servieren.

## Sauce für Schnitzel auf andere Art
*Ius in copadiis*

**Nimm Pfeffer, Selleriesamen, Wiesenkümmel, Bohnenkraut, Saflorblüte, eine kleine Zwiebel, geröstete Mandeln, Datteln, *liquamen*, Öl und etwas Senf. Färbe es mit *defrutum*.**

Vorbereitung: 10 Min.
Kochzeit: 10 Min.

Für vier Personen:

| | |
|---|---|
| 30 g | Mandelstifte |
| 30 g | Perlzwiebeln |
| 5 | Datteln |
| ½ | Briefchen Safran |
| 2 dl | Wasser |
| 1 EL | Bohnenkraut |
| ½ TL | getrocknetes Selleriekraut |
| 1 MS | Pfeffer |
| 1 MS | Kümmel |
| 2 EL | Distelöl |
| 1 TL | Senf |
| 2 EL | Sojasauce |

Zubereitung: Die geschälten Mandeln in Butter leicht anrösten, die Perlzwiebeln dazugeben und mitrösten. Die Datteln entsteinen und klein schneiden. Ebenfalls dazugeben. Den Safran in Wasser auflösen und die Mischung damit ablöschen. Die gehackten Kräuter und die gemahlenen Gewürze, Öl, Senf und Sojasauce dazugeben und ca. 10 Minuten köcheln lassen. Abschmecken und servieren.

## Kalte Dillsauce für gekochtes Fleisch
### *Ius in elixam anethatum crudum*

**Mische Pfeffer, Dillsamen, getrocknete Minze und Laserwurzel, gieße Essig und gib Datteln, Honig, *liquamen* und etwas Senf hinzu; mische mit *defrutum* und Öl. Diese Sauce kann man auch zum Halsstück vom Schwein servieren.**

Vorbereitung: 10 Min.

Für vier Personen:

| | |
|---|---|
| 4 | Datteln |
| 2 EL | Dill |
| 1 EL | Minze |
| 1 MS | Pfeffer |
| 1 | Schalotte oder ½ MS Asant |
| 1 EL | Weinessig |
| ½ TL | Honig |
| 2 EL | Austernsauce |
| 1 TL | Senf |
| 2 EL | Marsala |
| 2 EL | bestes Olivenöl |

Zubereitung: Die Datteln entsteinen und schneiden. Den Dill und die Minze hacken und mit Pfeffer, Asant oder gedämpften, gehackten Schalotten, Essig, Honig, Austernsauce, Senf, Marsala und Öl gut vermischen. Kalt servieren.

## Sauce mit *allec* für gekochtes Fleisch
### *Ius in elixam allecatum*

**Nimm Pfeffer, Liebstöckel, Kümmel, Selleriesamen, Thymian, kleine Zwiebeln, Datteln und durchgesiebten *allec,* mische mit Honig und Wein. Bestreue mit gehacktem grünem Sellerie, füge Öl hinzu und serviere.**

Vorbereitung: 10 Min.

Für vier Personen:

| | |
|---|---|
| 30 g | Perlzwiebeln |
| 5 | Datteln |
| 1 EL | Liebstöckel |
| 1 | Zweig Thymian |
| 1 MS | Pfeffer |
| ½ MS | Kümmel |
| ½ TL | Selleriesalz |
| 1 dl | Weißwein |
| ½ TL | Honig |
| 1 TL | Anchovispaste |
| 2 EL | Distelöl |
| 1 TL | getrocknetes Selleriekraut oder Grün vom Stangensellerie |

Zubereitung: Die Perlzwiebeln in Salzwasser kurz kochen und abtropfen lassen. Datteln entsteinen und in Streifen schneiden. Liebstöckel und Thymian hacken. Gemahlenen Pfeffer und Kümmel, Selleriesalz, Wein, Honig, Öl und Anchovispaste mischen, Perlzwiebeln und Datteln darunterziehen und mit Selleriekraut bzw. -grün bestreuen. Kalt servieren.

Beim *allec* handelt es sich um die weiterverarbeiteten Restbestände der *liquamen*-Herstellung, vermutlich eine ziemlich scharf schmeckende Fischsauce. Wir nahmen deshalb die Anchovispaste als starkes Würzmittel, dosierten sie aber so, daß sie die Sauce nicht völlig dominiert. Wir könnten uns allerdings vorstellen, daß die Römer bei einer «*allec*-Sauce» das *allec* weit stärker verwandten (so wie wir Curry bei einer Curry-Sauce). Wer will, sollte es deshalb einmal mit 1½ EL Anchovispaste versuchen.

## Schinken
*Perna*

**Koche den Schinken mit reichlich getrockneten Feigen und 3 Lorbeerblättern. Löse die Schwarte ab, mache kreuzweise Einschnitte, die du mit Honig füllst. Dann mache einen Teig aus Mehl und Öl und umhülle den Schinken damit wie mit einer Haut. Backe ihn im Rohr, bis der Teig gar ist. Nimm den Schinken heraus und serviere ihn, wie er ist.**

Vorbereitung: 10 Min.
Kochzeit: 2 Std. 10 Min.

Für vier Personen:
800 g leicht geräucherten oder schwach gepökelten Schinken
15 getrocknete Feigen
3 Lorbeerblätter
2 EL Honig
250 g Brotteig

Zubereitung: Den Schinken in einen Topf geben, mit Wasser bedecken und Feigen und Lorbeerblätter dazugeben. Eine gute Stunde garziehen lassen. Die Schwarte ablösen und das Fett kreuzweise einschneiden. Flüssigen Honig in die Einschnitte geben. Den Brotteig auswallen und den Schinken damit gut einpacken. In der vorgewärmten Bratröhre bei 220 Grad ca. 1 Stunde backen. Kurz vor dem Ende der Backzeit mit kaltem Wasser besprengen.

Wenn der Schinken weder zu stark gesalzen noch zu stark geräuchert ist, kann der Geschmack der Feigen gut einziehen, was dann zusammen mit dem Honig ein sehr harmonisches Gericht ergibt. Die Methode, den Schinken mit getrockneten Feigen zu kochen, können wir nur empfehlen. Sie war – wie auch das nächste Rezept zeigt – in Rom offenbar sehr beliebt. Allerdings muß man einmal ausprobieren, wie viel getrocknete Feigen man nimmt, für manche mag schon der von fünf Feigen erzeugte zartfeine Geschmack genügen.

## Gekochter Schinken
*Pernae cocturam*

**Einfach in Wasser mit getrockneten Feigen – wie gewöhnlich – gekocht, serviert man den Schinken mit Brotwürfeln, *caroenum* oder Würzwein oder – besser – mit Süßweingebäck.**

Vorbereitung: 5 Min.
Kochzeit: 90 Min.

Für vier Personen:

| | |
|---|---|
| 800 g | leicht geräucherter Schinken, Nußstück oder von der Schaufel |
| 15 | getrocknete Feigen |
| 1 | Lorbeerblatt |
| | Anisbrötchen oder Cantuccini alla Mandorla (hartes Mandelgebäck) |
| | Vino Santo oder Portwein oder Marsala |

Zubereitung: Den Schinken in einen Topf geben, mit Wasser bedecken und Feigen und Lorbeerblatt dazugeben. Ca. 90 Minuten garziehen lassen. Das Gebäck mit Vino Santo, Portwein oder Marsala beträufeln und mit dem Schinken servieren.

SCHINKEN

**Saftig ist er, nun eil und lade die teueren Freunde!**
**Ist der Schinken erst alt, mag ich nichts wissen von ihm.**

Martial, Epigramme XIII 55

## Vorderschinken
*Petasonem ex musteis*

Koche den Vorderschinken zusammen mit 1 kg Gerste und 25 getrockneten Feigen. Wenn er gekocht ist, entferne den Knochen, lasse das Fett über einem glühenden Kohlebecken bräunen und beträufle den Schinken, oder – besser – gib ihn in den Backofen und reibe Honig ein. Wenn er gebräunt ist, gib *passum*, Pfeffer, Raute und Wein in einen Topf und verrühre. Dann gieße die Hälfte dieser Pfeffersauce über den Vorderschinken und die andere Hälfte über zerbröseltes Süßweingebäck. Wenn dieses sich vollgesogen hat, gieße die noch übrige Pfeffersauce über den Schinken.

Vorbereitung: 5 Min.
Kochzeit: 1 Std. 50 Min.

Für vier Personen:

| | |
|---|---|
| 800 g | leicht geräucherter Vorderschinken |
| 100 g | Rollgerste |
| 5 | getrocknete Feigen |
| 2 EL | Honig |
| 1 dl | Portwein |
| 1 TL | gemahlener Pfeffer |
| ¼ TL | Raute oder ½ EL Cynar |
| 2 EL | Wein |
| 2 EL | Sud |
| | Anisbrötchen oder Cantuccini alla Mandorla (hartes Mandelgebäck) |

Zubereitung: Den Schinken mit Gerste und Feigen mit Wasser bedeckt ca. 80 Minuten garziehen lassen. Die Schwarte entfernen, das Fett anritzen, mit flüssigem Honig einstreichen und in eine Kasserolle legen. Im vorgewärmten Backofen bei 220 Grad ca. 30 Minuten rundherum bräunen.
In einem kleinen Topf Portwein, gemahlenen Pfeffer, Raute oder Cynar, Wein und Sud erwärmen. Das zerbröckelte Gebäck mit der Hälfte der durch ein engmaschiges Sieb abgeseihten Sauce beträufeln, sich vollsaugen lassen und zum Schinken servieren. Den Rest der Sauce über den Schinken geben.

## Kalbsschnitzel oder Kalbskoteletts
*Vitellina fricta*

**Nimm Pfeffer, Liebstöckel, Selleriesamen, Kümmel, Oregano, getrocknete Zwiebel, Rosinen, Honig, Essig, Wein, *liquamen*, Öl und *defrutum*.**

Vorbereitung: 5 Min.
Kochzeit: 15 Min.

Für vier Personen:

| | |
|---|---|
| 4 | Kalbskoteletts oder 8 Kalbsschnitzel |
| 2 EL | Sonnenblumenöl oder 1 EL eingesottene Butter |
| ¼ TL | weißer Pfeffer |
| ¼ TL | Salz |
| 1 TL | Liebstöckel |
| ¼ TL | Selleriesalz |
| ¼ TL | Kümmel |
| 1 TL | Oregano |
| 1 TL | getrocknete Zwiebeln |
| 1 EL | Rosinen |
| 1 TL | Honig |
| 1 EL | Essig |
| 2 EL | herber Weißwein |
| 1 EL | Austernsauce |
| 1 EL | Olivenöl |
| 2 EL | Marsala |

Zubereitung: Das Fleisch rasch auf beiden Seiten anbraten. Alle Zutaten für die Sauce mischen und über das Fleisch gießen. Ca. 10 Minuten köcheln lassen, abschmecken und servieren.

Das Ergebnis ist exquisit. Wir haben die Erfahrung gemacht, daß es gut ist, das Fleisch in der Sauce mitköcheln zu lassen, obwohl sich das natürlich aus dem Rezept nicht unbedingt ergibt. Die andere Methode wäre, die Sauce separat zu mischen und kalt oder warm zum Fleisch zu geben. Beides ist möglich, überhaupt eignet sich die Sauce für alle möglichen Zwecke, zu kurz gebratenem oder gegrilltem Fleisch ebenso wie zu Terrinen aller Art.

## Kalb- oder Rindfleisch mit Lauch, Quitten, Zwiebeln oder ägyptischen Wurzeln

*Vitulinam sive bubulam cum porris vel cidoneis vel cepis vel colocaseis*

**Mit *liquamen*, Pfeffer, Laser und ein wenig Öl.**

Vorbereitung: 20 Min.
Kochzeit: 2 Std.

Für vier Personen:

| | |
|---|---|
| 800 g | Kalb- oder Rindfleisch für Ragout |
| 2 EL | Distelöl |
| 1 | Stange Lauch |
| 2 | Quitten |
| 1 | Zwiebel |
| 1 dl | Fleischbouillon |
| 2 EL | Fischsauce |
| 2 EL | Weißwein |
| ¼ TL | Pfeffer |
| ¼ TL | Asant oder eine gedämpfte, feingehackte Schalotte |

Zubereitung: Das Fleisch in mundgerechte Stücke schneiden und im Öl kräftig anbraten. Den Lauch in Ringe schneiden, die Quitten schälen, entkernen und in kleine Stücke schneiden. Die Zwiebel hacken. Zusammen mit Fleischbouillon, Fischsauce, Wein, Pfeffer und Asant zum Fleisch geben. In einer Kasserolle im Backofen bei 100 Grad ca. 2 Stunden garen. Falls nötig, hin und wieder ein Löffelchen Wasser hinzufügen.

Eigentlich wird dieses Gericht schon in der Überschrift beschrieben, im anschließenden «Rezept» wird nur etwas zur Würzung gesagt. Das Ergebnis ist ein sehr feines Ragout.
Im Normalfall wurde wie das Rindfleisch auch das Kalbfleisch gekocht, was wir aber nicht empfehlen. Analog zu unseren Vorschlägen zum Rindfleisch würden wir einige Kalbsschnitzel schmoren. Zu diesen oder auch zu einem Kalbsbraten empfehlen wir folgende Saucen, die wir für Experimentierfreudige hier nur im Originalrezept anführen:

## Sauce für gekochtes Kalbfleisch
*In vitulinam elixam*

Verreibe in einem Mörser Pfeffer, Liebstöckel, Wiesenkümmel und Selleriesamen, gieße Honig, Essig, *liquamen* und Öl dazu. Mache es heiß, binde es mit *amulum* und gieße die Sauce über das Fleisch.

## Sauce für gekochtes Kalbfleisch auf andere Art
*Aliter in vitulina elixa*

Für gekochtes Kalbfleisch: Pfeffer, Liebstöckel, Fenchelsamen, Oregano, Pinienkerne, Datteln, Honig, Essig, *liquamen*, Senf und Öl.

## Gedünstetes Zicklein- oder Lammfleisch
*Aliter haedinam sive agninam excaldatam*

**Gib das geschnittene Fleisch in einen Topf. Hacke eine Zwiebel und Koriander fein, stampfe Pfeffer, Liebstöckel, Kümmel, *liquamen*, Öl und Wein. Lasse dies kochen, gieße es in ein flaches Gefäß, binde mit *amulum*. Wenn man Lammfleisch nimmt, gibt man den Inhalt des Mörsers auf das rohe Fleisch, wenn man Zicklein nimmt, während es kocht.**

Vorbereitung: 15 Min.
Kochzeit: 90 Min.

Für vier Personen:

| | |
|---|---|
| 800 g | Lammragout |
| 2 EL | Sonnenblumenöl |
| 1 | Zwiebel |
| 1 dl | Weißwein |
| ½ EL | Koriander |
| ½ EL | Liebstöckel |
| ¼ TL | Pfeffer |
| ¼ TL | Kümmel |
| 2 EL | Austernsauce |
| 1 TL | Maispulver |
| | Salz und Pfeffer |

Zubereitung: Das Fleisch in mundgerechte Würfel schneiden und im heißen Öl anbraten. Die gehackte Zwiebel zugeben und kurz mitbraten. Mit Wein ablöschen, den gehackten Koriander und Liebstöckel, den gemahlenen Pfeffer, Kümmel und Austernsauce zugeben und zugedeckt 1 ½ Stunden schmoren lassen. Die Sauce mit Maispulver binden und mit Salz und Pfeffer abschmecken.

## Gebratenes Zicklein oder Lamm
*Haedum sive agnum assum*

**Lasse das Tier in Öl und *liquamen* kochen. Mache Einschnitte ringsum und übergieße mit einer Mischung von Pfeffer, Laser, *liquamen* und etwas Öl; brate es auf dem Rost. Bestreiche es mit derselben Sauce, bestreue es mit Pfeffer und serviere.**

Vorbereitung: 15 Min. und 4 Std.
Kochzeit: 70 Min.

Für vier Personen:

| | |
|---|---|
| 1 | Lammkeule |
| 4 EL | Olivenöl |
| 4 EL | Sojasauce |
| ½ TL | Pfeffer |
| ½ TL | Asant oder 1 gehackte, gedämpfte Schalotte |
| 2 EL | Fischsauce |
| 2 EL | Sojasauce |
| 1 EL | Olivenöl |

Zubereitung: Die Lammkeule in Öl und Sojasauce 4 Stunden marinieren. (Wieder begegnet uns im Rezept das Vorkochen, das beim heutigen Fleisch, vor allem wenn wir Lamm nehmen, nicht nötig ist. Um aber geschmacklich dem Originalrezept nahezukommen, haben wir uns dennoch für das Marinieren entschieden.) Aus gemahlenem Pfeffer, Asant, Fischsauce, Sojasauce und Öl eine Sauce zubereiten. Das Fleisch abtrocknen, kleine Einschnitte ins Fleisch machen und mit der Sauce bestreichen. Die Keule auf einen Grillspieß stecken und ca. 1 Stunde grillen. Immer wieder mit der Sauce bestreichen. Vor dem Aufschneiden in Alufolie einwickeln und 10 Minuten ruhen lassen.

## Zicklein oder Lamm à la Tarpeius
*Haedum sive agnum Tarpeianum*

**Dressiere das Tier vor dem Kochen und nähe es zu. Stampfe Pfeffer, Raute, Bohnenkraut, Zwiebel und etwas Thymian, gib *liquamen* dazu und befeuchte das Zicklein damit. Lasse es in der Röhre in einer flachen Pfanne mit Öl weichkochen. Wenn es gar ist, übergieße es in der Pfanne mit der folgenden Mischung: Stampfe Bohnenkraut, Zwiebel, Raute, Datteln, *liquamen*, Wein, *caroenum* und Öl. Wenn die Sauce genügend eingedickt ist, gib alles auf eine runde Platte und serviere.**

Vorbereitung: 15 Min. und 3 Std.
Kochzeit: 2 Std. 10 Min.

Für vier Personen:

| | |
|---|---|
| 1 | Lammkeule oder Zicklein- oder Lammbraten |
| ¼ TL | Pfeffer |
| ¼ TL | Raute oder ½ EL Vermouth |
| ½ EL | Bohnenkraut |
| 1 | Zwiebel |
| 1 EL | Thymian |
| 4 EL | Sojasauce |
| 2 EL | Olivenöl |
| ½ EL | Bohnenkraut |
| 1 | Zwiebel |
| ½ TL | Raute oder 1 EL Vermouth |
| 4 | Datteln |
| 3 EL | Fischsauce |
| 1 dl | Rotwein |
| 1 EL | Marsala |
| 2 EL | Olivenöl |

Zubereitung: Die Lammkeule entbeinen, zusammenrollen und binden. Pfeffer, Raute, Bohnenkraut, gehackte Zwiebel und Thymian im Mörser stampfen und mit Sojasauce zu einer Marinade mischen. Das Fleisch damit bestreichen und drei Stunden darin liegen lassen. Öl in eine Kasserolle geben und darin das abgetrocknete Fleisch zugedeckt bei 100 Grad im vorgewärmten Backofen ca. 1 ½ Stunden braten. Danach die Hitze auf 200 Grad erhöhen und eine Sauce aus gehacktem Bohnenkraut, Zwiebel und Raute, kleingeschnittenen Datteln, Fischsauce, Wein, Marsala und Öl beigeben. Nochmals 30 Minuten braten. Dabei mehrmals wenden und mit der Sauce begießen. Vor dem Aufschneiden in Alufolie wickeln und 10 Minuten ruhen lassen.

Über den im Rezept genannten Tarpeius ist weiter nichts bekannt.

## Spanferkel à la Vitellius
*Porcellum Vitellianum*

**Dressiere das Ferkel wie Wildschwein, bestreue es mit Salz und brate es im Backofen. Gib Pfeffer und Liebstöckel in den Mörser, befeuchte die Gewürze mit *liquamen* und mische sie mit Wein und *passum.* Lasse dies in einem Topf mit ein wenig Öl kochen. Wenn das Ferkel gebraten ist, begieße es mit dieser Sauce so, daß sie auch unter die Schwarte eindringen kann.**

Vorbereitung: 10 Min.
Kochzeit: 2 Std. 10 Min. bzw. nach Größe des Spanferkels

Für vier Personen:

| | | | |
|---|---|---|---|
| 800 g | vom Spanferkel oder vom Schweinebraten | 2 EL | Olivenöl |
| 1 TL | Salz | ¼ TL | Pfeffer |
| 1 dl | Rotwein | 1 EL | Liebstöckel |
| 2 EL | Marsala | 2 EL | Sojasauce |

Zubereitung: Wenn die Backröhre groß genug für ein ganzes Spanferkel ist, sollte man es als Ganzes braten. Ein Spanferkel reicht je nach Größe für 8 bis 10 Personen, entsprechend muß man die anderen Zutaten berechnen. Ansonsten sollte man sich beim Metzger Spanferkelbraten in der gewünschten Menge geben lassen.
Variante 1: Das *ganze Spanferkel* wird mit etwas Öl bepinselt und in das auf 240 Grad vorgeheizte Rohr geschoben. Unter mehrmaligem Begießen und Bepinseln mit dem eigenen Fett knusprig braten, je nach Größe 1 ½ bis 2 ½ Stunden. Vorsicht mit der Flüssigkeit: in der Reine sollte nie so viel Flüssigkeit sein, daß das Spanferkel durch dort entstehende Dämpfe quasi gedünstet wird. Währenddessen Wein, Marsala, Öl, gemahlenen Pfeffer, gehackten Liebstöckel und Sojasauce ca.10 Minuten aufkochen. Das Spanferkel den Gästen vor dem Tranchieren zeigen, dann in Stücke schneiden und die Sauce darüber geben. Kurz einziehen lassen und servieren.
Variante 2: Den *Spanferkelbraten* mit Salz bestreuen und im gewässerten Römertopf bei 200 Grad ca. 2 Stunden weichdünsten. Danach die Schwarte karoförmig einschneiden, das Fleisch in Scheiben schneiden, mit der Sauce begießen und einziehen lassen.
Die weniger aufwendige Variante 2 ist auch mit gewöhnlichem Schweinebraten sehr gut, eignet sich durchaus für den Alltag. Variante 1 ist ein Festtagsschmaus, der Kaiser Vitellius (69 n. Chr.) sicher gut gemundet haben wird.

## Spanferkel à la Flaccus
*Porcellum Flaccianum*

**Dressiere das Ferkel wie Wildschwein, bestreue es mit Salz und gib es in den Backofen. Während es kocht, stampfe im Mörser Pfeffer, Liebstöckel, Kümmel, Selleriesamen, Laserwurzel und frische Raute; befeuchte die Mischung mit *liquamen* und mische sie mit Wein und *passum*. Lasse dies in einem Topf mit wenig Öl kochen. Binde mit *amulum*. Übergieße das gebratene Ferkel mit dieser Sauce, bestreue es mit pulverfein gestoßenem Selleriesamen und serviere.**

Vorbereitung: 10 Min.
Kochzeit: 2 Std. 10 Min. bzw. nach Größe des Spanferkels

Für vier Personen:

| | |
|---|---|
| 800 g | Spanferkelbraten (oder ein ganzes Spanferkel) |
| 1 TL | Salz |
| ½ TL | Pfeffer |
| ¼ TL | Kümmel |
| ¼ TL | Selleriesamen |
| ½ EL | Liebstöckel |
| ¼ TL | Raute oder ½ EL Cynar |
| 1 MS | Asant oder 1 gehackte, gedämpfte Schalotte |
| 4 EL | Austernsauce |
| 2 EL | Rotwein |
| 1 EL | Portwein |
| 2 EL | Olivenöl |
| 1 TL | Maispulver |
| ½ TL | Selleriesalz |

Zubereitung: Den Braten wie im vorhergehenden Rezept zubereiten. (Bei Variante 1, also dem ganzen Spanferkel, die Zutaten entsprechend der Personenzahl berechnen.) Für die Sauce gemahlenen Pfeffer, Kümmel und Selleriesamen, gehackten Liebstöckel, Raute und Asant mit Austernsauce, Wein, Portwein und Öl mischen und ca. 10 Minuten kochen. Mit Maispulver binden und über das Fleisch gießen. (Beim ganzen Spanferkel die Sauce am besten getrennt reichen.) Das Fleisch mit Selleriesalz leicht bestreuen und servieren.

## Spanferkel in Wein gekocht
*Porcellum oenococtum*

**Brate das Ferkel an, dressiere es. Gib in die Kasserolle Öl, *liquamen*, Wein, Wasser und ein Bündel von Lauch und Koriander. Wenn das Ferkel halb gar ist, füge *defrutum* hinzu, um Farbe zu geben. Gib Pfeffer, Liebstöckel, Kümmel, Oregano, Selleriesamen und Laserwurzel in den Mörser; stampfe. Gieße *liquamen* und etwas von der Brühe dazu, in der das Ferkel kocht; mische dies mit Wein und *passum*. Gib dies in die Kasserolle und lasse es wieder aufkochen. Wenn es kocht, binde mit *amulum*. Richte das Ferkel auf einer Platte an, gieße die Sauce darüber, bestreue es mit Pfeffer und serviere.**

Vorbereitung: 10 Min.
Kochzeit: 2 Std.

Für vier Personen:

| | | | |
|---|---|---|---|
| 800 g | Spanferkelbraten (auch Schweinebraten möglich) | 1 MS | Kümmel |
| 2 EL | Sonnenblumenöl | 1 EL | Liebstöckel |
| 3 EL | Olivenöl | 1 TL | Selleriekraut |
| 3 EL | Fischsauce | 1 EL | Oregano |
| ½ l | Rotwein | 1 MS | Asant oder 1 gehackte, gedämpfte Zwiebel |
| ¼ l | Wasser | 2 EL | Sojasauce |
| | etwas Grün vom Lauch | 1 EL | Marsala |
| 1 | Zweig Koriander | 3 TL | Maispulver |
| ¼ TL | Pfeffer | | |

Zubereitung: Den Spanferkelbraten auf allen Seiten gut anbraten. In eine Kasserolle Öl, Fischsauce, Wein, Wasser, ein Bündel aus Lauchgrün und dem Korianderzweig geben und den Braten darauflegen. Im Backofen bei 180 Grad ca. 1 ½ Stunden schmoren lassen. Gemahlenen Pfeffer und Kümmel, gehackten Liebstöckel, Selleriekraut und Oregano, Asant oder gedämpfte Zwiebel, Sojasauce und Marsala mischen und zum Fleisch geben. Nochmals 30 Minuten schmoren lassen. Mit Maispulver binden und zum Fleisch servieren.

## Spanferkel mit Gemüse gefüllt
*Porcellum hortolanum*

**Beine das Ferkel von der Gurgel her aus, so daß es wie ein Sack wird. Fülle es mit einer Mischung von gehacktem Huhn, Drosseln, faschiertem Eingeweide des Ferkels, lukanischen Würstchen, entsteinten Datteln, getrockneten Zwiebeln, Schnecken ohne Gehäuse, Malven, Rüben, Lauch, Sellerie, gekochtem Kohl, Koriander, Pfefferkörnern, Pinienkernen und schließlich 15 Eiern und *liquamen*, das mit gemahlenem Pfeffer gemischt ist. Nähe das Ferkel zu und brate es an. Dann gib es zum Braten in die Röhre. Wenn es gar ist, schneide es am Rücken auf und übergieße es mit der folgenden Sauce: gestoßener Pfeffer, Raute, *liquamen*, *passum*, Honig, etwas Öl; bringe dies zum Kochen und binde mit *amulum*.**

| | |
|---|---|
| Vorbereitung: | 40 Min. |
| Kochzeit: | 2 ½ Std. |

Für *zehn* Personen:

| | | | |
|---|---|---|---|
| 1 | mittelgroßes bis großes Spanferkel. | 5 | Eier |
| 250 g | geschnetzeltes Hühnerfleisch | 5 EL | Pinienkerne |
| 250 g | Fleisch- und Wurstreste | 2 TL | Salz |
| 10 | Datteln | ½ TL | Pfeffer |
| 2 | Zwiebeln | 9 EL | Sojasauce |
| 2 | mittelgroße Karotten | 4 EL | Olivenöl |
| 2 | Lauchstangen | 2 MS | Pfeffer |
| 1 | kleine Sellerieknolle | 2 TL | Raute oder 4 EL roten Vermouth |
| 4 | Kohlblätter | 3 EL | Marsala |
| 1 l | Gemüsebouillon | 1 TL | Honig |
| 2 EL | Koriander | 2 TL | Maispulver |
| | | | Küchenfaden |

Zubereitung: Das Spanferkel gut waschen, innen und außen mit Salz und Pfeffer einreiben. Das geschnetzelte Hühnerfleisch kräftig anbraten. Gekochte Fleisch- und Wurstreste in mundgerechte Stücke schneiden. Datteln entsteinen. Das Gemüse in Streifen schneiden und in Gemüsebouillon ca. 15 Minuten kochen. Den Koriander hacken, die Eier schlagen und alle Zutaten mit den Pinienkernen und mit Salz und Pfeffer gut vermengen. Das Spanferkel damit füllen, gut vernähen und mit dem Rücken nach oben auf den Bratrost legen. Unter mehrmaligem Begießen und Bestreichen mit dem eigenen Fett knapp 2 ½ Stunden bei 220

Grad braten. Falls dabei auf der Haut Blasen entstehen, diese mit einer Nadel durchstechen. Das ganze Spanferkel den Gästen zeigen, dann tranchieren und die Füllung herausnehmen. Spanferkelstücke zusammen mit der Füllung auf einer Platte servieren. Dazu reichen wir die folgende Sauce: Sojasauce, Olivenöl, gemahlenen Pfeffer, Raute oder roten Vermouth, Marsala, ein wenig abgelöste und mit Wasser verdünnte Bratenflüssigkeit und Honig zum Kochen bringen und mit Maispulver binden.

Wir möchten zu diesem Festessen eine nicht ganz alltägliche Alltagsvariante angeben. Wir haben beim ersten Versuch nämlich statt des Spanferkels eine Kalbsbrust verwendet und das Ergebnis war ausgezeichnet. Wir nahmen 1 kg Kalbsbrust, in die wir eine große Tasche schnitten. Diese füllten wir, nähten sie zu und brieten sie kurz von allen Seiten in ein wenig Sonnenblumenöl an. Dann legten wir sie in den gewässerten Römertopf, gaben ein wenig von der Gemüsebouillon dazu und ließen alles bei 200 Grad 1 ¾ Stunden garen. Damit die Zutaten für die Füllung und die Sauce im rechten Verhältnis stehen, muß man sie einfach halbieren.

Wir können das gefüllte Spanferkel, aber auch die beim ersten Versuch entstandene gefüllte Kalbsbrust nur empfehlen. Bei der Festtagsvariante raten wir auch noch zur Sauce auf der folgenden Seite:

EIN SPANFERKEL

**Das noch mit Milch nur genährt, des trägen Mutterschweins Junges**
**setz man's vor mich! Und der Herr eß vom aetolischen Schwein!**

Martial, Epigramme XIII 41

## Kalte Sauce für gekochtes Spanferkel
*Ius frigidum in porcellum elixum*

**Bereite die Sauce auf folgende Weise: Stampfe Pfeffer, Kümmel, Dill, etwas Oregano und Pinienkerne; gib Essig, *liquamen*, Jerichodatteln, Honig und fertigen Senf dazu, träufle etwas Öl darüber, bestreue mit Pfeffer und serviere.**

Vorbereitung: 15 Min.

Für vier Personen:

| | |
|---|---|
| 50 g | Pinienkerne |
| ¼ TL | Pfeffer |
| 1 MS | Kümmel |
| 1 EL | Dill |
| ½ EL | Oregano |
| 4 | Datteln |
| 1 EL | Essig |
| 4 EL | Austernsauce |
| ½ TL | Honig |
| ½ EL | Senf |
| 1 EL | bestes Olivenöl |
| | Salz und Pfeffer |

Zubereitung: Pinienkerne, Pfeffer und Kümmel stampfen, Dill und Oregano hacken, Datteln entsteinen und zerschneiden. Essig, Austernsauce, Honig, Senf und Öl dazugeben und mit Salz und Pfeffer abschmecken.

## Wild

## Wildschwein
*Aper*

**Wildschwein bereite auf folgende Art: Es wird gewaschen und abgetupft, sodann wird Salz und gerösteter Kümmel darübergestreut, und so bleibt es. Am nächsten Tag wird es in den Ofen gegeben. Wenn es gar ist, gieße eine Sauce aus zerstoßenem Pfeffer, Saft von dem Wildschwein, Honig, *liquamen*, *caroenum* und *passum* darüber.**

Vorbereitung: 15 Min. und 1 Tag
Kochzeit: 3 Std.

Für vier Personen:

| | |
|---|---|
| 1 kg | Wildschweinbraten |
| 2 TL | Salz |
| ½ TL | gerösteter Kümmel |
| 3 dl | kräftiger Rotwein |
| ½ TL | Pfeffer |
| ¼ TL | Kreuzkümmel |
| 1 TL | Honig |
| 1 EL | Marsala |

Zubereitung: Den Wildschweinbraten mit Salz und geröstetem Kümmel bestreuen. Im Kühlschrank einen Tag stehen lassen. In den gewässerten Römertopf legen und den Wein dazugießen. Den Braten bei 220 Grad ca. 2 ½ Stunden im geschlossenen Römertopf garen. Einige Male mit dem Bratensaft begießen. Danach die Sauce in einen kleinen Topf gießen und mit Pfeffer, Kreuzkümmel, Honig und Marsala aufkochen. Den Braten ungedeckt noch ca. 10 Minuten im Backofen bräunen. Vor dem Aufschneiden ca. 10 Minuten mit Alufolie zugedeckt ruhen lassen. Zusammen mit der Sauce servieren.

## Wildschweinkoteletts in heißer Sauce
*In aprum assum iura ferventia*

**Heiße Brühen für gegrilltes Wildschwein mache folgendermaßen: Nimm Pfeffer, gerösteten Kümmel, Selleriesamen, Minze, Thymian, Bohnenkraut, Saflorblüte, geröstete Pinienkerne oder Mandeln, Honig, *liquamen* und etwas Öl.**

Vorbereitung: 10 Min.
Kochzeit: 20 Min.

Für vier Personen:

| | |
|---|---|
| 4 | Wildschweinkoteletts oder 8 Wildschweinschnitzel |
| | Salz und Pfeffer |
| 2 EL | Sonnenblumenöl |
| ¼ TL | Kümmel |
| ¼ TL | Pfeffer |
| ¼ TL | Selleriesamen |
| 1 EL | Minze |
| ½ EL | Thymian |
| 1 TL | Bohnenkraut |
| ½ | Briefchen Safran |
| ½ EL | Honig |
| 1 TL | Aceto Balsamico di Modena |
| 2 EL | Mandelstifte |
| ½ EL | Butter |

Zubereitung: Die Wildschweinkoteletts oder -schnitzel mit Salz und Pfeffer würzen und im Öl braten. Warmstellen und den Bratensaft in einen kleinen Topf gießen. Für die Sauce kurz den Kümmel rösten und ihn mit den anderen Gewürzen zermahlen. Die Kräuter ganz fein hacken. Nun alle Saucenzutaten in den Bratensaft geben und 10 Minuten köcheln lassen. Evtl. mit etwas Wasser verdünnen. Abschmecken und über das Fleisch verteilen. Die Mandelstifte in Butter rösten und ebenfalls über das Fleisch verteilen.

## Wildschweinragout
### *Aliter in apro*

**Koche das Wildschwein in Meerwasser mit Lorbeerzweigen, bis es weich wird. Entferne die Schwarte. Serviere mit Salz, Senf und Essig.**

Vorbereitung: 5 Min.
Kochzeit: 75 Min.

Für vier Personen:
800 g Wildschwein
2 EL Öl
1 EL Mehl
½ l Wasser
1 TL Salz
1 Lorbeerblatt
1 EL Essig
Senf

Zubereitung: Das Fleisch in 3 cm große Würfel schneiden. Im Öl anbraten, mit Mehl bestäuben und mit Wasser ablöschen, salzen und Lorbeerblatt und Essig zugeben. Gut umrühren und ca. 75 Minuten kochen. Mit Senf oder der auf der folgenden Seite beschriebenen Sauce servieren.

## Sauce für gekochtes Wildschwein
*Ius in aprum elixum*

**Nimm Pfeffer, Liebstöckel, Kümmel, Silphium, Oregano, Pinienkerne, Datteln, Honig, Senf, Essig, *liquamen* und Öl.**

Vorbereitung: 10 Min.
Kochzeit: 10 Min.

Für vier Personen:

| | |
|---|---|
| 1 | Zwiebel |
| 2 EL | Distelöl |
| 4 EL | Wildschweinsud |
| 6 | Datteln |
| ½ EL | Liebstöckel |
| 1 EL | Oregano |
| 1 EL | Pinienkerne |
| ¼ TL | Kümmel |
| ½ TL | Honig |
| 1 TL | scharfer Senf |
| 1 EL | Essig |
| ¼ TL | Pfeffer |
| ½ TL | Salz |

Zubereitung: Die gehackte Zwiebel im Öl glasig schwitzen. Mit dem Wildschweinsud ablöschen. Die entsteinten und in Streifen geschnittenen Datteln, die gehackten Kräuter und alle anderen Zutaten dazugeben und alles zusammen etwa 10 Minuten köcheln lassen.

Für Experimentierfreudige folgen hier noch zwei weitere Wildschweinsaucen:

## Kalte Sauce für gekochtes Wildschwein
*Ius frigidum in aprum elixum*

Nimm Pfeffer, Wiesenkümmel, Liebstöckel, gemahlenen Koriandersamen, Dillsamen, Thymian, Oregano, eine kleine Zwiebel, Honig, Essig, Senf, *liquamen* und Öl.

## Kalte Sauce für gekochtes Wildschwein auf andere Art
*Aliter ius frigidum in aprum elixum*

Nimm Pfeffer, Liebstöckel, Kümmel, Dillsamen, Thymian, Oregano, ein wenig Silphium und ausreichend Samen von wilder Raute; gieße unvermischten Wein darüber, dann gib einige grüne Gewürzkräuter, Zwiebel, türkische Haselnuß oder geröstete Mandeln, Datteln, Honig, Essig und noch ein wenig Wein dazu. Färbe alles mit etwas *defrutum* und füge *liquamen* und Öl dazu.

## Sauce für Hirsch
### *Ius in cervo*

**Stampfe Pfeffer, Liebstöckel, Kümmel, Oregano, Selleriesamen, Laserwurzel und Fenchelsamen, zerreibe dies gut, gieße *liquamen*, Wein, *passum* und etwas Öl dazu. Wenn es aufkocht, binde mit *amulum*. Wenn das Fleisch gar ist, begieße es mit der Sauce überall und serviere.**

Vorbereitung: 10 Min.
Kochzeit: 15 Min.

Für vier Personen:

| | | | |
|---|---|---|---|
| 2 EL | Distelöl | ¼ TL | Selleriesamen |
| 1 MS | Asant oder 1 gehackte, gedämpfte Zwiebel | 1 MS | Fenchelsamen |
| | | 2 EL | Sojasauce |
| 1 EL | Liebstöckel | 1 dl | Rotwein |
| 1 EL | Oregano | 1 EL | Marsala |
| 1 MS | Pfeffer | 2 TL | Maispulver |
| ¼ TL | Kümmel | | Salz und Pfeffer |

Zubereitung: Das Öl erhitzen und den Asant darin kurz anbraten. Gehackten Liebstöckel und Oregano, gemahlenen Pfeffer, Kümmel, Selleriesamen und Fenchelsamen, Sojasauce, Wein und Marsala dazugeben und dies etwa 10 Minuten kochen lassen. Mit Maispulver binden, mit Salz und Pfeffer abschmecken und zu gebratenem Hirsch servieren.

Im Apicius-Kochbuch wird nicht angegeben, wie man Hirsch oder Reh zubereitet. Wir nehmen an, daß sie vorwiegend am Spieß über offenem Feuer gebraten, evtl. sogar vorgekocht wurden. Wir empfehlen für Hirsch- oder Rehbraten unsere ganz traditionellen Zubereitungsarten – einen Hirsch- oder Rehrücken etwa mit Speckscheiben zu belegen, um das Austrocknen zu verhindern, und dann in der Röhre je nach Größe bei 200 Grad 70 bis 100 Minuten zu braten. Die einfachste Möglichkeit ist, sich Hirsch- oder Rehschnitzel zu kaufen und damit die guten Saucen – und um die geht es ja vor allem – auszuprobieren, so wie die nächste, sicher eine der besten und überraschendsten bei Apicius:

## Heiße Sauce für Hirschbraten
*In cervum assum iura ferventia*

**Nimm Pfeffer, Liebstöckel, Petersilie, eingeweichte Damaszenerpflaumen, Wein, Honig, Essig, *liquamen* und etwas Öl. Rühre mit einem Bündel aus Lauch und Bohnenkraut um.**

Vorbereitung: 15 Min. und 2 Std. Einweichzeit
Kochzeit: 1 Std.

Für vier Personen:

| | |
|---|---|
| 150 g | Dörrpflaumen |
| 2 dl | Wasser |
| ¼ TL | Pfeffer |
| ½ EL | Liebstöckel |
| 1 EL | Petersilie |
| 1 | Zweig Bohnenkraut |
| 1 | Stück Lauch |
| 1 dl | Rotwein |
| 2 EL | Estragonessig |
| 1 TL | Honig |
| 4 EL | Sojasauce |
| 2 EL | Distelöl |

Zubereitung: Die gedörrten Pflaumen mindestens zwei Stunden in Wasser einweichen, danach entsteinen und fein hacken. Pfeffer mahlen, Liebstöckel und Petersilie fein hacken. Aus Bohnenkraut und Lauch ein Bündel schnüren. Zusammen mit Wein, Essig, Honig, Sojasauce und Öl auf kleinem Feuer ca. 1 Stunde kochen. Das Bündel entfernen und die Sauce zu gebratenem Fleisch servieren.

## Sauce für Reh
### *Ius in caprea*

**Nimm Pfeffer, Liebstöckel, Kümmel, Petersilie, Rautensamen, Honig, Senf, Essig, *liquamen* und Öl.**

Vorbereitung: 10 Min.
Kochzeit: 5 Min.

Für vier Personen:
1 MS Pfeffer
1 MS Kümmel
½ EL Liebstöckel
1 EL Petersilie
¼ TL Kreuzkümmel
¼ TL Raute oder ½ EL Vermouth
½ TL Honig
1 TL Senf
1 EL Kräuteressig
2 dl Fleischbouillon
2 EL Olivenöl

Zubereitung: Pfeffer und Kümmel mahlen, Liebstöckel und Petersilie hacken und mit Kreuzkümmel, gehackter Raute oder Vermouth, Honig, Senf, Essig, Bouillon und Öl mischen. Kurz aufkochen und servieren.

REHE

**Keiler sind furchtbar durch Hauer, Geweih verteidigt die Hirsche.**
**Doch ein wehrloses Reh, dient's nicht als Beute allein?**

Martial, Epigramme XIII 94

## Sauce für gebratenes Reh
*Ius in caprea assa*

**Nimm Pfeffer, gemischte Kräuter, Raute, Zwiebel, Honig, *liquamen*, *passum*, etwas Öl. Wenn es kocht, binde es mit *amulum*.**

Vorbereitung: 10 Min.
Kochzeit: 10 Min.

Für vier Personen:

| | |
|---|---|
| 1 | Zwiebel |
| 2 EL | Sonnenblumenöl |
| 1 MS | Pfeffer |
| 1 EL | Oregano |
| ½ EL | Petersilie |
| ½ EL | Thymian |
| ½ TL | Raute oder 1 EL Cynar |
| 1 TL | Honig |
| 2 dl | Fleischbouillon |
| 1 EL | Portwein |
| 2 TL | Maispuder |
| | Salz und Pfeffer |

Zubereitung: Die gehackte Zwiebel im Öl andämpfen. Gemahlenen Pfeffer, gehackten Oregano, Petersilie und Thymian, Raute, Honig, Bouillon und Portwein dazugeben. Aufkochen, absieben und mit Maispuder binden. Mit Salz und Pfeffer abschmecken.

## Geschmorter Hase
*Leporem madidum*

**Dämpfe den wie üblich vorbereiteten Hasen in ein wenig Wasser, gib ihn dann in eine Pfanne, brate ihn in Öl und lasse ihn im Ofen schmoren. Wenn er bald gar ist, begieße ihn ab und zu mit folgender Würzsauce: Verreibe Pfeffer, Liebstöckel, Zwiebel, Raute, Selleriesamen, *liquamen*, Laser, Wein und etwas Öl. Wende den Hasen von Zeit zu Zeit und lasse ihn in dieser Sauce gar kochen.**

Vorbereitung: 15 Min.
Kochzeit: 1 ¼ Std.

Für vier Personen:

| | |
|---|---|
| 1 kg | Hase oder Kaninchen |
| | Salz und Pfeffer |
| 2 EL | Olivenöl |
| 1 EL | Bratbutter |
| 1 TL | gemahlener, schwarzer Pfeffer |
| 2 TL | Liebstöckel |
| 1 | gehackte Zwiebel |
| 2 TL | Selleriesamen |
| 2 EL | Austernsauce |
| 2 dl | Weißwein |
| ½ dl | Olivenöl |

Zubereitung: Das Fleisch in handliche Stücke schneiden und mit Küchenpapier trockentupfen. In einer Mischung aus Bratbutter und Olivenöl gut anbraten. Mit Salz und Pfeffer würzen. Im gewässerten Römertopf bei 220 Grad im Backofen ca. 1 Stunde garen. Gemahlenen Pfeffer, gehackten Liebstöckel und Zwiebel, Selleriesamen, Austernsauce, Wein und Öl zu einer Würzsauce mischen. Über das Fleisch geben und dieses – während es ca. 15 Minuten gart – immer wieder mit der Würzsauce begießen.

Vermutlich aßen die Römer sowohl Wildhasen wie Kaninchen. Beide wurden wohl vorgekocht, um sie weicher zu machen. Bei dem Wild, das wir heute beim Metzger bekommen, ist das kaum mehr nötig, allenfalls einzig bei Wildhasen.

## Hase in süßer Sauce geschmort
### *Leporem madidum aliam ad eum impensam*

**Verreibe Pfeffer, Datteln, Asant, Traubenrosinen mit Most, Fischlake und Öl und gib diese Mischung in die Bratpfanne. Wenn der Hase schon beinahe herausgenommen werden muß, lasse ihn nochmals mit der Sauce aufkochen, streue Pfeffer über ihn und trage ihn mit der Sauce auf.**

| | |
|---|---|
| Vorbereitung: | 15 Min. |
| Kochzeit: | 1 ¼ Std. |

Für vier Personen:

| | |
|---|---|
| 1 kg | Kaninchen |
| | Salz und Pfeffer |
| 2 EL | Olivenöl |
| 1 EL | Bratbutter |
| ½ TL | gemahlener schwarzer Pfeffer |
| 3 | kleingeschnittene frische Datteln |
| 2 EL | Sultaninen |
| 1 EL | Austernsauce |
| 2 dl | weißer Traubensaft |
| ½ dl | Olivenöl |

Zubereitung: Der Hase wird wie im vorhergehenden Rezept zubereitet. Nach 70 Minuten den Bratfond in einen Topf gießen, die restlichen Zutaten hinzugeben und aufkochen lassen. Nun das Fleisch hinzugeben und noch einmal kurz aufkochen lassen. In einer Schale anrichten, den Pfeffer darüber geben und servieren.

## Gefüllter Hase
*Leporem farsum*

**Für die Füllung: ganze Pinienkerne, Mandeln, gehackte Nüsse oder Bucheckern, Pfefferkörner und Fleisch vom Hasen selbst (Innereien?). Zum Binden nehme man aufgeschlagene Eier. Man brät den Hasen – mit Schweinehaut bedeckt – im Backofen. Folgendermaßen bereite man wiederum eine Sauce: Raute, reichlich Pfeffer, Zwiebel, Bohnenkraut, Datteln, *liquamen*, *caroenum* oder Würzwein. Die Sauce soll so lange kochen, bis sie dick wird, und dann wird sie darübergegossen. In dieser *liquamen*-Pfeffer Sauce läßt man den Hasen eine Weile ziehen.**

Vorbereitung: 30 Min.
Kochzeit: 75 Min.

Für vier Personen:

| | | | |
|---|---|---|---|
| 1 | Hase oder Kaninchen | 1 TL | Pfeffer |
| 200 g | Pinienkerne oder gehackte Walnüsse | 1 | Zwiebel |
| | | ½ EL | Bohnenkraut |
| 100 g | Hasenleber | ½ TL | Raute oder 1 EL Campari |
| 1 EL | Butter | 3 | Datteln |
| 3 | Eier | 4 EL | Sojasauce |
| 2 EL | Sonnenblumenöl | 1 dl | Weißwein |
| 6 | Scheiben Speck | 2 EL | Marsala |
| | | | Salz und Pfeffer |

Zubereitung: Den Hasen waschen und abtrocknen. Für die Füllung Pinienkerne oder andere gehackte Nüsse, die kurz in Butter angebratene Hasenleber und die aufgeschlagenen Eiern mischen und den Hasen damit füllen. Zubinden oder zustecken. Öl in einer Kasserolle erhitzen und den Hasen rundum anbraten. Mit Speck belegen.Im Backofen bei 180 Grad 40 Minuten garen.
In der Zwischenzeit eine Sauce aus gemahlenem Pfeffer, gehackter Zwiebel, Bohnenkraut und Raute, kleingeschnittenen Datteln, Sojasauce, Wein und Marsala kochen. Mit Salz und Pfeffer abschmecken und über den Hasen verteilen. Nochmals 15 Minuten im Backofen ziehen lassen.

## Weiße Sauce für gebratenen Hasen
### *Ius album in assum leporem*

**Nimm Pfeffer, Liebstöckel, Kümmel, Selleriesamen und den Dotter eines hartgekochten Eis. Stampfe dies und forme es zu einem Kloß. Koche in einem kleinen Topf *liquamen*, Wein, Öl, etwas Essig und eine kleine gehackte Zwiebel, gib den Kloß von Gewürzen dazu und rühre mit Oregano und Bohnenkraut um. Wenn nötig, binde mit *amulum*.**

Vorbereitung: 15 Min.
Kochzeit: 20 Min.

Für vier Personen:

| | |
|---|---|
| 2 EL | Fischsauce |
| 1 dl | Weißwein |
| 2 EL | Distelöl |
| ½ EL | Kräuteressig |
| 1 | Schalotte |
| ¼ TL | Pfeffer |
| ¼ TL | Kümmel |
| ¼ TL | Selleriesamen |
| 1 EL | Liebstöckel |
| 2 | Eier |
| 1 | Zweig Oregano |
| | Salz und Pfeffer |
| 1 TL | Maispulver |

Zubereitung: Die Fischsauce, Wein, Öl, Essig und gehackte Schalotte aufkochen und gemahlenen Pfeffer, Kümmel und Selleriesamen, gehackten Liebstöckel und hartgekochte Eidotter sowie einen Zweig Oregano hinzugeben. 15 Minuten kochen, mit Salz und Pfeffer abschmecken und mit Maispulver binden.

Die Gelehrten rätseln, warum diese Sauce «weiße Sauce» heißt, da dies sicher nicht mit ihren Zutaten oder gar ihrem Aussehen zusammenhängen kann. Wir vermuten schlicht den Fehler eines unkundigen Bearbeiters oder Kopisten.

## Hase im eigenen Saft
### *Leporem ex suo jure*

**Reinige den Hasen, beine ihn aus, dressiere ihn und gib ihn in eine Kasserolle. Gib Öl, *liquamen*, Brühe, ein Bündel Lauch, Koriander und Dill dazu. Während dies kocht, stampfe im Mörser Pfeffer, Liebstöckel, Kümmel, Koriander, Laserwurzel, getrocknete Zwiebel, Minze, Raute und Dillsamen, gieße *liquamen* hinzu, füge Honig und etwas von der Hasenbrühe bei und mische mit *defrutum* und Essig. Lasse dies aufkochen. Wenn es kocht, binde mit *amulum*. Entferne die Spießchen oder Fäden, die zum Dressieren benutzt worden sind, von dem Hasen, gieße die Sauce darüber, bestreue mit Pfeffer und serviere.**

Vorbereitung: 15 Min.
Kochzeit: 70 Min.

Für vier Personen:

| | | | |
|---|---|---|---|
| 1 kg | Hase oder Kaninchen | 1 gehackte Schalotte | |
| 2 EL | Distelöl | 1 EL | Minze |
| ½ l | Fleischbouillon | ¼ TL | Raute oder ½ EL Cynar |
| 2 EL | Sojasauce | 2 EL | Fischsauce |
| 1 | Stück Lauch | ½ TL | Honig |
| je 1 | Zweig Koriander und Dill | 1 EL | Portwein |
| ¼ TL | Pfeffer | 1 EL | Weinessig |
| 1 MS | Kümmel | | Salz und Pfeffer |
| je 1 EL | Liebstöckel, Dill und Koriander | 2 TL | Maispulver |
| 1 MS | Asant oder 1 gehackte, gedämpfte Schalotte | | |

Zubereitung: Den Hasen in Stücke schneiden und in Öl anbraten. Mit Fleischbouillon und Sojasauce ablöschen und zusammen mit einem Bündel aus Lauch, Dill und Koriander im vorgeheizten Backofen bei 180 Grad ca. 1 Stunde schmoren lassen. In der Zwischenzeit aus gemahlenem Pfeffer und Kümmel, gehacktem Liebstöckel, Dill und Koriander, Asant, gehackter Schalotte, Minze und Raute, Fischsauce, Honig, Portwein, Essig und 4 EL Hasenbrühe eine Sauce mischen, diese 15 Minuten köcheln lassen. Absieben, mit Salz und Pfeffer abschmecken und mit Maispulver binden. Den Hasen aus der Brühe nehmen, anrichten, mit der Sauce begießen, mit Pfeffer bestreuen und servieren.

## Hase mit trockenem Pfeffer bestreut
*Leporem pipere sicco sparsum*

**Befeuchte den Hasen mit einer Mischung aus Pfeffer, Raute, Bohnenkraut, Zwiebel, etwas Thymian und *liquamen*, dann gib ihn zum Garkochen in den Backofen und übergieße ihn mit der folgenden Sauce: etwa 15 g Pfeffer, Raute, Zwiebel, Bohnenkraut, 4 Datteln, Rosinen, die über einem Kohlebecken geröstet und gebräunt wurden, Wein, Öl, *liquamen* und *caroenum*. Begieße den Hasen mit dieser Sauce häufig, so daß die gesamte Flüssigkeit einzieht. Dann nimm ihn heraus und serviere ihn, mit trockenem Pfeffer bestreut, auf einer runden Platte.**

Vorbereitung: 20 Min. und 12 Std.
Kochzeit: 1 Std.

Für vier Personen:

| | | | |
|---|---|---|---|
| 1 kg | Hase oder Kaninchen | 1 | Zwiebel |
| 1 l | Milch | ½ EL | Bohnenkraut |
| 10 | Pfefferkörner | ½ TL | Raute oder 1 EL Vermouth |
| ½ TL | Raute oder 1 EL Vermouth | 1 MS | Pfeffer |
| je 1 | Zweig Bohnenkraut und Thymian | 1 dl | Weißwein |
| | | 1 EL | Distelöl |
| 1 | Schalotte | 4 EL | Austernsauce |
| 4 EL | Fischsauce | 1 EL | Marsala |
| 2 EL | Rosinen | | Pfeffer |
| 4 | Datteln | | |

Zubereitung: Den Hasen in Stücke schneiden. Aus Milch, Pfefferkörnern, Raute, Bohnenkraut, Thymian, gehackter Schalotte und Fischsauce eine Marinade herstellen und das Fleisch gut 12 Stunden darin einlegen. Gut abtrocknen und in eine Kasserolle geben.
Für die Sauce die Rosinen rösten, die Datteln klein schneiden, die Zwiebeln, Bohnenkraut und Raute hacken und mit gemahlenem Pfeffer, Wein, Öl, Austernsauce und Marsala mischen. Über das Fleisch gießen, in den auf 180 Grad vorgeheizten Backofen geben und immer wieder mit der Sauce begießen. Nach 60 Minuten das Fleisch ohne Sauce (und deshalb fällt dieses Gericht aus dem Rahmen) nur mit Pfeffer bestreut servieren.

## Gefüllter Hase auf andere Art
*Leporem farsilem*

**Reinige den Hasen, dressiere ihn und lege ihn auf ein viereckiges Brett. Gib Pfeffer, Liebstöckel und Oregano in den Mörser, befeuchte mit *liquamen*, füge gekochte Hühnerleber, gekochtes Hirn, die gehackten Eingeweide des Hasen und drei rohe Eier hinzu. Mische dies mit *liquamen* und fülle den Hasen mit dieser Mischung. Wickle ihn in *omentum* und Papier und binde zu. Brate ihn auf kleinem Feuer. Gib Pfeffer und Liebstöckel in den Mörser, stampfe, gieße *liquamen* zu, mische mit Wein und *liquamen* und lasse dies kochen. Wenn es kocht, binde mit *amulum* und gieße die Sauce über den gebratenen Hasen. Bestreue den Hasen mit Pfeffer und serviere.**

Vorbereitung: 30 Min. und 24 Std. und 3 Std. Einweichzeit
Kochzeit: 90 Min.

Für vier Personen:

| | | | |
|---|---|---|---|
| 1 | Hase oder Kaninchen | 1 MS | Pfeffer |
| 1 | Kalbshirn oder Bries | ½ EL | Liebstöckel |
| 1 l | Wasser | ½ EL | Oregano |
| 1 EL | Essig | 2 EL | Sojasauce |
| 2 l | Wasser | 6 | Speckscheiben |
| 2 EL | Salz | ¼ TL | Pfeffer |
| 2 TL | Zitronensaft | ½ EL | Liebstöckel |
| 150 g | Hühnerleber | 2 EL | Fischsauce |
| 150 g | Hasenleber | 1 dl | Rotwein |
| 1 EL | Butter | | Salz und Pfeffer |
| 3 | Eier | 1 TL | Maispulver |

Zubereitung: Den Hasen für 24 Stunden in ein Essigtuch einschlagen, danach waschen und gut abtrocknen. Das Kalbshirn 2 Stunden in kaltes Wasser legen, anschließend eine Stunde in kaltes Essigwasser (1 l Wasser, 1 EL Essig). Danach das Hirn in 2 l Wasser, dem 2 EL Salz und 2 TL Zitronensaft beigefügt worden sind, ca. 15 Minuten kurz vor dem Siedepunkt ziehen lassen. Das Hirn von der Außenhaut und den weißen Adern an der Unterseite befreien. Die Hühner- und Hasenleber in Butter kurz anbraten und mit Salz und Pfeffer würzen. Hirn und Lebern hacken und mit Eiern, gemahlenem Pfeffer, gehacktem Liebstöckel und Oregano sowie der Sojasauce mischen. Den Hasen damit füllen und zunähen. In den gewässerten Römertopf legen, mit Speckscheiben belegen und im Backofen bei 200 Grad ca. 90 Minuten schmoren lassen. Für die Sauce gemahlenen Pfeffer, gehackten Liebstöckel, Fischsauce und Wein mischen, alles 15 Minuten kochen lassen und dann absieben. Mit Salz abschmecken und mit Maispulver binden. Die Speckscheiben vom Hasen entfernen, das Tier mit der Sauce begießen. Mit Pfeffer bestreuen und servieren.

Vergleicht man das ursprüngliche Rezept mit unserer Umsetzung, so ist leicht ersichtlich, daß wir da einiges verändert haben, bis wir eine probate Mischung aus originaler Werktreue und modernem Kochstil gefunden haben. Hoffentlich schmeckt man auch, daß wir hier lange herumprobiert haben.

HASEN

**Steht etwas fest, wie ich meine, so sind von den Vögeln die Drosseln,**
**von Vierfüßern jedoch Hasen das beste Gericht.**

Martial, Epigramme XIII 92

## Gemüse, Salate und andere Beilagen

## Gemischtes Gemüse (verdauungsfördernd und gegen Bauchschmerzen)

*Pulmentarium ad ventrem*

**Nimm Sellerie, Knolle und Lauch, das weiße Wurzelende mit dem Grünen. Wasche und trockne die Gemüse an der Sonne, koche sie in einem frischen Kochtopf so lange, bis das Wasser zu einem Drittel verdampft ist. Nun verreibe Pfeffer, Fischlake und etwas Honig mit dem letzten Kochwasser, gieße das über die Gemüse. Lasse alles nochmals aufkochen und nimm alles vom Feuer. Serviere es, wenn gewünscht, zusammen mit dem Sellerie.**

Vorbereitung: 20 Min.
Kochzeit: 30 Min.

Für vier Personen:

| | |
|---|---|
| 4 | Stengel Lauch |
| 4 | Stengel Stangensellerie |
| ½ TL | weißer Pfeffer |
| 1 TL | Honig |
| 2 EL | Austernsauce |
| | Salz |

Zubereitung: Das Gemüse in ca. 10 cm lange Stücke schneiden und insbesondere den Lauch gründlich waschen. Das Gemüse getrennt in wenig Salzwasser kochen. Für die Sauce 1 Tasse Selleriewasser mit gemahlenem Pfeffer, Austernsauce und flüssigem Honig mischen. Das Gemüse abschütten, zusammen in eine Kasserolle geben und mit der Sauce begießen. Nochmals aufkochen lassen und lauwarm servieren.

Dies war eine unserer ersten Beilagen, die wir gekocht haben. Nach einiger Erfahrung konnten wir uns dann dasselbe Rezept auch als Gemüsebrei vorstellen:

## Verdauungsfördernder Gemüsebrei
*Pulmentarium ad ventrem*

Vorbereitung: 20 Min.
Kochzeit: 45 Min.

Für vier Personen:

| | |
|---|---|
| 4 | Stengel Lauch |
| 1 | große Sellerieknolle |
| ½ TL | weißer Pfeffer |
| 1 TL | Honig |
| 2 EL | Austernsauce |
| | Salz |

Zubereitung: Das Gemüse in kleine Stücke schneiden, gründlich waschen und mit einem Haushaltspapier trockentupfen. Das Gemüse getrennt ca. 30 Minuten in Salzwasser kochen, bis es fast zerfällt. Dabei kann man das Salzwasser einmal auswechseln. Eine Tasse vom letzten Selleriewasser mit dem gemahlenen Pfeffer, der Austernsauce und flüssigem Honig mischen. Das abgetropfte Gemüse mit dieser Sauce übergießen und alles noch einmal 15 Minuten aufkochen.

## **Spargel**
## *Asparagos*

**Trockne den Spargel und wirf ihn ein zweites Mal in kochendes Wasser; auf diese Weise bleibt er fest.**

Vorbereitung: 5 Min.
Kochzeit: 20 Min.

Für vier Personen:

| | |
|---|---|
| 600 g | grüne Spargeln |
| | Salz |
| 1 TL | Butter |
| ½ TL | Honig |

Zubereitung: Die Spargeln gut waschen, den hinteren Teil, soweit holzig, wegschneiden, mit einer Küchenschnur zusammenbinden und für fünf Minuten in kochendes Wasser stellen. Abtropfen lassen und in reichlich Salzwasser mit Butter und Honig ca. 15 Minuten fertigkochen.

Jaques André (L'alimentation, S. 54; vgl. Bibliographie) vermutet wohl zu Recht, daß durch dieses Vorkochen verhindert werden soll, daß die Spargeln zu weich werden. Da diese Gefahr vor allem bei grünen Spargeln besteht, haben wir das Rezept damit ausprobiert. Daß beim Garen noch leicht mit Honig gesüßt wurde, läßt sich aus anderen Rezepten vermuten. Auch heute gibt man ja oft noch 1 MS Zucker hinzu, um die Bitterstoffe zu mildern.

SPARGEL

**Selber die zarten Stangen, die's gibt in der Seestadt Ravenna,**
**gehen dem Spargel nicht vor, der ohne Pflege gedeiht.**

Martial, Epigramme XIII 21

## Gekochte Zucchini
*Gustum de cucurbitas*

**Gekochte Zucchini abtropfen lassen und in einen Kessel geben. Füge Kümmel und Asant hinzu sowie Raute, die du mit Fischlake und Essig im Reibstein vermengt hast. Füge ein wenig *defrutum* (eingekochten Most) hinzu, damit alles etwas Farbe bekommt, und lasse dreimal aufkochen. Dann serviere mit etwas Pfeffer darüber.**

Vorbereitung: 10 Min.
Kochzeit: 10 Min.

Für vier Personen:
800 g Zucchini
1 TL Pfefferkörner
½ TL Kümmel
1 MS Asant oder das Weiße von einer Frühlingszwiebel, sehr fein gehackt und angeschmort
½ TL Raute oder 1 EL Cynar
2 EL Austernsauce
1 EL Weinessig
1 EL süßer Marsala
Pfeffer

Zubereitung: Die Zucchini in Stäbchen schneiden und ca. 5 Minuten in wenig Salzwasser kochen. Danach abtropfen lassen und in die Pfanne zurückgeben. Nun Pfeffer, Kümmel, Asant oder Zwiebeln und Raute mischen, Austernsauce, Essig und Marsala dazugeben und die Sauce über die Zucchini gießen. Nochmals kurz aufkochen, mit gemahlenem Pfeffer bestreuen und servieren.

## Zucchini auf alexandrinische Art
### *Cucurbitas more Alexandrino*

**Lasse die gekochten Zucchini abtropfen, streue Salz darüber und lege sie in eine Pfanne. Zerstoße Pfeffer, Kümmel, Koriandersamen, frische Minze und Laserwurzel und gieße Essig dazu. Gib Datteln und Pinienkerne hinein und zerstampfe alles. Nun gib noch Honig, Essig, *liquamen, defrutum* und Öl hinein und gieße diese Mischung über die Zucchini. Wenn es noch einmal gekocht hat, streue Pfeffer darüber und trage auf.**

Vorbereitung: 10 Min.
Kochzeit: 7 Min.

Für vier Personen:

| | | | |
|---|---|---|---|
| 800 g | Zucchini | 6 | entsteinte, feingeschnittene Datteln |
| 1 TL | Pfefferkörner | 1 EL | Pinienkerne |
| 1 TL | Kümmel | 1 TL | Honig |
| ½ TL | Koriandersamen | 1 EL | Weinessig |
| 2 TL | Minze | 2 EL | Austernsauce |
| 1 MS | Asant oder ½ feingehackte Frühlingszwiebel | 1 EL | Marsala |
| ½ TL | Anchovispaste | 1 EL | Olivenöl |
| | | | Pfeffer |

Zubereitung: Die Zucchini in Stäbchen schneiden und ca. 5 Minuten in wenig Salzwasser kochen, so daß sie noch recht knackig sind. Danach abtropfen lassen und in die Pfanne zurückgeben. Nun Pfeffer, Kümmel und Koriandersamen stampfen, frische, feingehackte Minze, Asant oder angedämpfte Zwiebel, Anchovispaste, entsteinte Datteln und Pinienkerne dazugeben und mit Honig, Essig, Austernsauce, Marsala und Öl mischen. Diese Sauce über die Zucchini gießen. Alles zusammen noch einmal kurz aufkochen lassen, mit etwas Pfeffer bestreuen und servieren.

Dieses Gemüse halten wir für eine der besonderen Entdeckungen aus dem Kochbuch des Apicius, weil es eine vortreffliche süß-scharfe Kombination ist.

## Zucchinisalat
*Cucurbitas elixatas*

**Serviere die Zucchini mit *liquamen*, Öl und Wein**

Vorbereitung: 5 Min.
Kochzeit: 5 Min.

Für vier Personen:

| | |
|---|---|
| 800 g | Zucchini |
| ½ l | Gemüsebouillon |
| 2 EL | Olivenöl |
| 2 EL | Weinessig |
| 2 EL | vietnamesische Fischsauce |
| | Salz und Pfeffer |
| 1 TL | frischer, gehackter Basilikum |

Zubereitung: Die Zucchini in 1 cm dicke Ringe schneiden und 3–5 Minuten in Gemüsebouillon kochen. Aus den restlichen Zutaten eine Salatsauce mischen. Die gut abgetropften Ringe noch lauwarm in die Sauce geben und einen Moment ziehen lassen.

## Gebratene Zucchini
*Cucurbitas frictas*

**Gebratene Zucchini auf andere Art: mit einfachem *oenogarum* und Pfeffer**

Vorbereitung: 5 Min.
Kochzeit: 5 Min. und 15 Min.

Für vier Personen:
800 g Zucchini
2 EL Sonnenblumenöl
Salz und Pfeffer
2 EL bestes Olivenöl
1 dl Rotwein
2 dl Austernsauce

Zubereitung: Die Zucchini der Länge nach in ca. ½ cm dicke Scheiben schneiden und sie in sehr heißem Öl anbraten. Zum Abtropfen auf Haushaltpapier legen und auskühlen lassen. Mit wenig Salz und Pfeffer bestreuen, mit Olivenöl beträufeln und zusammen mit einer Sauce aus Wein und Austernsauce lauwarm oder kalt servieren.

Apicius gibt dieses Rezept auch mit Kümmelsauce an, in diesem Fall würde man zu Wein und Austernsauce noch 1 TL zerstoßenen Kümmel mischen.

## Zucchinipüree
*Cucurbitas frictas tritas*

**Zerstampfte gebratene Zucchini auf andere Art: Pfeffer, Liebstöckel, Kümmel, Oregano, Zwiebel, Wein, *liquamen* und Öl. Binde es in der Pfanne mit *amulum*, mische es mit dem Püree und trage auf.**

Vorbereitung: 5 Min.
Kochzeit: 5 Min.

Für vier Personen:

| | |
|---|---|
| 600 g | Zucchini |
| 2 EL | Distelöl |
| | Salz, Pfeffer |
| 1 EL | Liebstöckel |
| ½ TL | Kümmel |
| 1 TL | Oregano |
| 1 | kleine Zwiebel |
| 2 EL | herber Weißwein |
| 2 EL | Austernsauce |
| 2 EL | Olivenöl |
| 1 TL | Maisstärke |
| 1 | Toastbrot |

Zubereitung: Die klein geschnittenen Zucchini in Öl braten und mit dem Mixer pürieren. In einem Topf Pfeffer, Salz, Liebstöckel, Kümmel, Oregano, die feingehackte Zwiebel, Wein, Austernsauce und bestes Olivenöl mischen und kurz aufkochen, mit Maisstärke binden und das Zucchinipüree dazugeben. Mit dem Mixer nochmals durchmischen und kalt oder warm auf getoastetem Brot servieren.

## Zucchini (als Beilage zu Huhn)
*Cucurbitas cum gallina*

**Nimm Nektarinen, Trüffel, Pfeffer, Kümmel, Silphium, frische Kräuter wie Minze, Sellerie, Koriander, Flohkraut, Jerichodattel, Honig, Wein, *liquamen*, Öl und Essig.**

Vorbereitung: 15 Min.
Kochzeit: 10 Min.

Für vier Personen:

| | |
|---|---|
| 800 g | Zucchini |
| ½ TL | Salz |
| 2 | Nektarinen (ersatzweise Pfirsiche) |
| 6 | Datteln |
| ¼ TL | Pfeffer |
| 1 TL | frische Minze |
| 1 EL | Birnendicksaft |
| 1 TL | Zitronensaft |

Zubereitung: Die Zucchini längs in Scheiben schneiden und ca. 5 Minuten in wenig Salzwasser kochen. Danach abtropfen lassen und wegstellen. Die Nektarinen (bzw. Pfirsiche) kurz in heißes Wasser tauchen, die Haut abziehen (notfalls auch Früchte aus der Büchse nehmen) und in kleine Schnitze schneiden. Die Datteln entsteinen und in Streifen schneiden. Nun alles mit Pfeffer, frischer Minze, Birnendicksaft und Zitronensaft zusammenmischen. Diese Sauce über die Zucchini gießen, die, so ist der Überschrift des Originalrezeptes zu entnehmen, als Beilage zu Huhn serviert wurden.

Im eigentlichen Rezept von Apicius werden nur die Zutaten der Sauce genannt. Es ist daher nicht klar, ob die Sauce heiß oder kalt ist, ob sie auf warme oder kalte Zucchini gegossen wird, die zu warmem oder kaltem Huhn serviert werden. Wir fanden die Sauce ungekocht besser, sie ist kalt sehr pikant, sie paßt zu lauwarmen wie abgekalteten Zucchini und ist im Rahmen eines Buffets auch sehr gut eigenständig oder als eine Zutat zu einem altrömischen Vorspeisenteller denkbar.

## Gefüllte Zucchini
*Gustum de cucurbitis farsilibus*

Schneide sorgfältig rechteckige Stücke aus den Seiten der Zucchini, höhle sie aus und lege sie in kaltes Wasser. Dann bereite die folgende Füllung: Zerstampfe im Mörser Pfeffer, Liebstöckel und Oregano, befeuchte dies mit *liquamen,* hacke gekochtes Hirn, schlage rohe Eier und verarbeite das Ganze zu einer glatten Masse. Inzwischen koche die Zucchini an, fülle sie dann mit der beschriebenen Mischung, verschließe sie mit den ausgeschnittenen Stücken und binde sie zusammen. Koche sie gar und brate sie dann ein wenig. Darauf bereite das folgende *oenogarum:* Stampfe im Mörser Pfeffer und Liebstöckel, gieße Wein und *liquamen* dazu und schmecke mit *passum* ab, gib ein wenig Öl in einen Topf und bringe die Sauce zum Kochen. Wenn sie kocht, binde sie mit *amulum* und gieße sie über die gebratenen Zucchini. Bestreue das Gericht mit Pfeffer und serviere.

Vorbereitung: 20 Min. und 3 Std. (für das Hirn)
Kochzeit: 20 Min.

Für vier Personen:

| | | | |
|---|---|---|---|
| 400 g | Kalbshirn oder Milken | 4 | mittlere Zucchini |
| 1 EL | Weinessig | 1 l | Gemüsebouillon |
| 2 EL | Salz | 2 EL | Sonnenblumenöl |
| 2 TL | Zitronensaft | 1 MS | Pfeffer |
| 200 g | Kalbsbrät | 1 EL | Liebstöckel |
| 2 | Eier | ¼ l | Weißwein |
| 1 MS | Pfeffer | 2 EL | Austernsauce |
| ½ EL | Liebstöckel | 2 EL | Marsala |
| 1 EL | Oregano | 3 EL | Olivenöl |
| 2 EL | Sojasauce | 2 TL | Maispulver |

Zubereitung: Das Kalbshirn 2 Stunden in kaltes Wasser, anschließend 1 Stunde in kaltes Essigwasser (1 l Wasser, 1 EL Essig) legen. Danach das Hirn in 2 Liter Wasser, in das man 2 EL Salz und 2 TL Zitronensaft gibt, eine Viertelstunde knapp vor dem Siedepunkt ziehen lassen. Das Hirn von der Außenhaut und von den weißen Adern an der Unterseite befreien. Nun das Hirn hacken und mit dem Kalbsbrät, den Eiern, gemahlenem Pfeffer, gehacktem Liebstöckel und Oregano mischen und mit der Sojasauce zu einer glatten Masse verrühren.

Die Zucchini der Länge nach durchschneiden, aushöhlen und sie knapp fünf Minuten in Gemüsebouillon kochen. Danach gut abtropfen lassen. Die Zucchini mit der Hirn/Eier-Masse füllen und wie eine Roulade zusammenbinden. Nochmals in der Gemüsebouillon 5 Minuten köcheln lassen. Herausnehmen, gut abtrocknen und kurz von allen Seiten in Öl anbraten. Währenddessen in einem anderen Topf gemahlenen Pfeffer, gehackten Liebstöckel, Wein, Austernsauce, Marsala und Olivenöl mischen, aufkochen lassen und mit Maispulver binden. Über die Zucchini gießen und mit Pfeffer bestreut servieren.

## Geschälte Gurken
*Cucumeres rasos*

**Geschälte Gurken: entweder mit *liquamen* oder mit *oenogarum*; du wirst sie zarter finden und kein Aufstoßen oder Bauchschmerzen verspüren.**

## Gurken auf andere Art
*Aliter cucumeres*

**Pfeffer, Flohkraut, Honig oder *passum*, *liquamen* und Essig. Manchmal kommt auch Silphium dazu.**

Vorbereitung: 40 Min.

Für vier Personen:

| | |
|---|---|
| 1–2 | Salatgurken |
| ½ TL | Salz |
| ¼ TL | weißer Pfeffer |
| 1 TL | Flohkraut (Dill) |
| 2 EL | Marsala |
| 1 EL | Austernsauce |
| 2 EL | Weinessig |

Zubereitung: Die Gurken schälen und in dünne Scheiben schneiden. Für die Salatsauce Salz, Pfeffer, Dill, Marsala, Austernsauce und Weinessig mischen und die Gurken dazugeben. Gut 30 Minuten ziehen lassen.

Im ersten Rezept wird wieder einmal (wahrscheinlich von einem späteren Bearbeiter) ein medizinischer Rat gegeben. Auch heute gilt ja der Gurkensalat als schwer verdaulich; *liquamen* pur oder mit Wein vermischt soll also dagegen helfen. Wir glauben, daß die pikante, süßsaure Sauce dem ursprünglichen Rezept durchaus nahekommt; gute Erfahrungen haben wir auch mit dem mit Gurke besonders gut harmonierenden Dill anstelle des Flohkrauts gemacht.

## Wasser- und Honigmelonen
*Pepones et melones*

**Pfeffer, Flohkraut, Honig oder *passum*, *liquamen* und Essig. Manchmal kommt auch Silphium dazu.**

Vorbereitung: 5 Min.

Für vier Personen:

| | |
|---|---|
| 2 | Honigmelonen |
| 2 dl | Portwein |
| 1 MS | Pfeffer |
| 1 TL | Minze |
| 1 TL | Austernsauce |
| ½ TL | Aceto Balsamico di Modena |

Zubereitung: Die Honigmelone halbieren und die Kerne entfernen. Nun Portwein, Pfeffer, gehackte Minze, Austernsauce und Aceto Balsamico di Modena mischen und die Sauce in die Vertiefung geben.

Das Ergebnis ist eine höchst erfrischende, wenn auch nicht alkoholfreie Vorspeise. Wer will, kann hier auch einen Hauch Asant dazumischen, das gibt der Sauce einen scharf-exotischen Touch.

## Gekochter Kohl
*Cymas*

**Nimm Kümmel, Salz, alten Wein und Öl. Wenn du willst, füge Pfeffer, Liebstöckel, Minze, Raute, Koriander, Kohlblätter, *liquamen*, Wein und Öl dazu.**

Vorbereitung: 5 Min.
Kochzeit: 30 Min.

Für vier Personen:

| | |
|---|---|
| 750 g | Kohl (Chinakohl, Rotkohl, Weißkohl, Wirsing, Brokkoli sind auch möglich) |
| 1 TL | Salz |
| ¼ TL | Kümmel |
| 1 dl | Weißwein |
| 1 EL | Distelöl |
| ¼ TL | Pfeffer |
| 1 TL | Liebstöckel |
| ½ TL | Minze |
| ¼ TL | Raute oder 1 EL Campari |
| ½ TL | Koriander |

Zubereitung: Die äußersten Blätter des Kohls entfernen und den Rest in dünne Scheiben schneiden. Zusammen mit Kümmel, Pfeffer, Wein und Öl im Salzwasser ca. 30 Minuten kochen (die auseinandergebrochenen Brokkoli nur etwa 20 Minuten). Gut abtropfen lassen und die fein gehackten Kräuter darunterziehen.

Wieder war im Rezept nicht angegeben, ob man den Kohl – falls überhaupt – kürzer oder länger kochen soll. Wir gingen bei all unseren Kohlrezepten davon aus, daß er – schon um der besseren Verdaulichkeit willen – gekocht werden sollte oder bei langstieligen Sorten die Blätter zumindest blanchiert werden müssen.

*Feigen, in der römischen Küche für verschiedenste Zwecke beliebt. Aufnahme im Römerhaus Augst bei Basel*

## Kohl auf andere Art
*Cymas et coliclos*

**Gekochte und in eine Pfanne gelegte Kohlsprößlinge werden mit *liquamen*, Öl, unvermischtem Wein und Kümmel gewürzt. Darüber streue Lauch und Kümmel und schneide frischen Koriander darüber.**

Vorbereitung: 10 Min.
Kochzeit: 40 Min.

Für vier Personen:

| | |
|---|---|
| 750 g | Kohl (Chinakohl, Rotkohl, Weißkohl, Wirsing) |
| 1 TL | Salz |
| 1 | Lauchstange |
| 1 EL | Distelöl |
| ½ dl | Weißwein |
| 2 EL | Sojasauce |
| ¼ TL | Kümmel |
| ¼ TL | Pfeffer |
| 1 EL | frischer Koriander |

Zubereitung: Die äußersten Blätter des Kohls entfernen und den Rest in dünne Streifen schneiden. Im Salzwasser eine gute halbe Stunde kochen lassen. Gut abtropfen lassen. Denn Lauch hacken und im Öl andünsten. Mit Weißwein ablöschen und die Sojasauce, den Kümmel und den Kohl dazugeben. Nochmals kurz aufkochen und mit Pfeffer und gehacktem frischem Koriander bestreuen. Kalt oder warm servieren.

Eine ganz eigenartige Kohlvariante ist auch das folgende Rezept, das wir ohne eigene Umsetzung wiedergeben:

**Über Kohlsprößlingen, die wie oben mit *liquamen*, Öl, unvermischtem Wein und Kümmel gewürzt sind, wird gekochte Grütze mit Pinienkernen und Rosinen gegossen; darüber streue (gehackten) Lauch.**

## Lauch
*Porros maturos*

**Reifer Lauch wird so zubereitet: Mische Wasser und Öl mit einer Handvoll Salz und koche ihn darin. Wenn er gar ist, nimm ihn heraus und serviere ihn mit Öl, *liquamen* und unvermischtem Wein.**

Vorbereitung: 5 Min.
Kochzeit: 20 Min.

Für vier Personen:

| | |
|---|---|
| 750 g | Lauch |
| 1 TL | Salz |
| 1 EL | Öl |
| 1 EL | bestes Olivenöl |
| 2 EL | Austernsauce |
| 1 TL | Aceto Balsamico di Modena |

Zubereitung: Den gewaschenen Lauch in ca. 2 cm lange Stücke schneiden und in kochendem Salzwasser, dem 1 EL Öl beigemischt worden ist, ca. 20 Minuten kochen. Gut abtropfen lassen und mit einer Sauce aus dem Olivenöl, der Austernsauce und dem Aceto Balsamico di Modena beträufeln. Warm oder kalt servieren.

Eine Variante dazu gibt folgendes Rezept wieder:

## Lauch auf andere Art
*Aliter porros*

**Koche ihn wie oben, aber bedeckt mit Kohlblättern und in Pflaumen und trage ihn auf.**

*Stilleben mit Kaninchen und Feigen. Wandmalerei aus Herculaneum. Neapel, Museo Nazionale*

*Geflügelverkauf. Relief auf einem Sarkophag aus Ostia Antica. Die Affen rechts im Bild wurden offenbar als Haustiere gehalten. Ostia, Museo Ostiense*

*Relief vom Sarkophag eines Gewürzhändlers, das seinen Verkaufsstand darstellt. Ostia, Museo Ostiense*

## Gekochte rote Bete
*Betas elixas*

**Mit Senf, ein wenig Öl und Essig läßt sich die rote Bete gut servieren.**

Vorbereitung: 15 Min. und 30 Min.

Für vier Personen:
500 g rote Rüben, rote Bete gegart (gibt es meist fertig)
1 TL sämiger, nicht allzu scharfer Senf
4 EL Distelöl
2 EL Kräuteressig
Salz, Pfeffer
½ TL Koriander

Zubereitung: Schneide die gegarten und geschälten Randen in dünne Scheiben und gieße die Sauce darüber. Im Kühlschrank eine gute halbe Stunde ziehen lassen.

## Rüben oder Steckrüben
*Rapas sive napos*

**Presse die Rüben aus, wenn sie gekocht sind. Dann zerstoße sehr viel Kümmel, weniger Raute, parthisches Laser, Honig, Essig, *liquamen*, *defrutum* und ein wenig Öl. Laß es kochen und trage auf.**

Vorbereitung: 10 Min.
Kochzeit: 20 Min.

Für vier Personen:

| | |
|---|---|
| 800 g | gelbe Rüben |
| 2 EL | Distelöl |
| ¼ TL | Asant oder 1 Zwiebel |
| 2 dl | Salzwasser |
| ¼ TL | Kümmel |
| ¼ TL | Raute oder 1 EL Vermouth |
| 1 TL | Honig |
| 1 EL | Weinessig |
| 1 EL | Fischsauce |
| 2 EL | Marsala |
| 1 EL | Olivenöl |
| ½ TL | Maispuder |
| 1 dl | Wasser |

Zubereitung: Rüben putzen und in Stängelchen schneiden. Öl erhitzen, das Gemüse und den Asant oder die gehackte Zwiebel zugeben, andämpfen und mit Salzwasser ablöschen. Ca. 20 Minuten köcheln lassen. Währenddessen gemahlenen Kümmel, zerriebene Raute oder Vermouth, Honig, Essig, Fischsauce, Marsala und Öl vermischen, Maispuder in Wasser auflösen und alles ca. 10 Minuten kochen. Das Gemüse abtropfen lassen und mit der Sauce mischen.

*Stilleben mit Pfirsichzweig und Glaskrug. Wandmalerei aus Pompeji. Neapel, Museo Nazionale*

## Gemüsepüree
*Olus molle*

**Koche Sellerie in Wasser mit etwas Natron, lasse ihn abtropfen und hacke ihn sehr fein. Dann zerstoße im Mörser Pfeffer, Liebstöckel, Oregano und Zwiebeln unter Zufügen von Wein, *liquamen* und Öl. Bringe diese Mischung in einem tiefen Topf zum Kochen und mische sie mit dem Sellerie.**

Vorbereitung: 10 Min.
Kochzeit: 25 Min.

Für vier Personen:

| | |
|---|---|
| 1 kg | Sellerieknollen |
| ½ TL | Natron |
| 1 ½ TL | Salz |
| ¼ TL | weißer Pfeffer |
| 1 EL | Liebstöckel |
| 1 EL | Oregano |
| 1 | Zwiebel |
| 2 EL | trockener Weißwein |
| 2 EL | Austernsauce |
| 2 EL | Distelöl |

Zubereitung: Die geputzten und gewaschenen Sellerieknollen in Würfel schneiden und zusammen mit dem Natron ca. 15 Minuten in Salzwasser kochen. Gut abtropfen lassen und im Mixer pürieren. Die gehackte Zwiebel im Öl glasig dünsten, die fein gehackten Gewürze, Wein, Austernsauce und das Selleriepüree dazumischen und ca. 5 Minuten köcheln lassen.

Einiges hat uns beim Kochen dieses Rezeptes erstaunt: daß unter dem Einfluß von Natron der Sellerie sehr schnell weich wird und fast zerfällt, daß ein ganzes Kilo gerade genug ist, um jeder der vier Personen einen ansehnlichen Klacks auf den Teller zu geben, und schließlich, daß das Ganze noch exquisit schmeckt.

## Ein weiches Gemüse aus Lattichblättern mit Zwiebeln
*Olus molle ex foliis lactucarum cum cepis*

**Koche die Lattichblätter in Wasser mit etwas Natron und schneide sie nach dem Auspressen klein. Zerstoße in einem Mörser Pfeffer, Liebstöckel, Selleriesamen, getrocknete Minze, Zwiebel, *liquamen*, Öl und Wein.**

Vorbereitung: 5 Min.
Kochzeit: 25 Min.

Für vier Personen:

| | |
|---|---|
| 800 g | Lattich |
| ½ TL | Natron |
| 2 | Zwiebeln |
| 2 EL | Distelöl |
| 1 EL | Liebstöckel |
| 1 TL | Selleriesamen |
| ½ EL | Minze |
| 2 EL | Austernsauce |
| ½ dl | herber Weißwein |
| | Salz und Pfeffer |

Zubereitung: Den gewaschenen Lattich in wenig Wasser mit Natron kochen, abtropfen lassen und ihn sehr fein hacken. Die Zwiebeln mittelfein hacken – man soll sie im Mund noch etwas spüren – und in Öl dünsten, bis sie glasig werden. Das Gemüse, die fein gehackten Kräuter, die Austernsauce und Wein dazugeben und mit Salz und Pfeffer abschmecken.

LATTICH

**Lattich, der einst das Mahl der Alten gewöhnlich beschlossen,**
**sag mir, weshalb er bei uns heute das Essen beginnt.**

Martial, Epigramme XIII 14

## Chicoréesalat
## *Intubae et lactucae*

**Chicorée mit *liquamen*, ein wenig Öl und geschnittener Zwiebel anrichten. Im Winter nimmt man Chicorée statt Lattich, entweder mit einer fertigen Salatsauce oder mit Honig und scharfem Essig.**

Vorbereitung: 5 Min.
Kochzeit: 5 Min.

Für vier Personen:

| | |
|---|---|
| 4 | Chicorée |
| 1 | gehackte Frühlingszwiebel |
| 1 EL | Austernsauce |
| 2 EL | Distelöl |
| 2 EL | Weinessig |
| 1 TL | Honig |

Zubereitung: Chicorée in Ringe schneiden, kurz in lauwarmem Wasser schwimmen lassen. Den Salat abtropfen lassen, die Zutaten der Sauce vermischen und darüber anrichten.

Hier handelt es sich nun um einen typischen Salat mit süßsaurer Sauce. Offenbar – das ist dem Originalrezept zu entnehmen – gab es schon fixfertige Salatsaucen zu kaufen. Um was es sich bei dem als *intuba* bezeichneten Salat wirklich handelt, um Endivien oder Chicorée, ist uns nicht ganz klar. Die Salatsauce paßt zu beiden. Interessant ist auch, daß im Sommer offenbar am häufigsten Lattichsalat gemacht wurde.

## Gegen Blähungen und zur besseren Verdauung und damit Lattich nicht schadet
*Ad digestionem et inflationem et ne lactucae laedant*

**Zur Verdauung und gegen Blähungen und damit Lattich nicht schadet: Zwei Unzen Kümmel, eine Unze Ingwer, eine Unze frische Raute, 12 Skrupel dicke Datteln, eine Unze Pfeffer, neun Unzen Honig. Entweder äthiopischen, syrischen oder lydischen Kümmel. Zerkleinere den Kümmel und schütte ihn danach in Essig, wenn er getrocknet ist. Danach verbinde alles mit Honig. Wenn es nötig sein wird, mische einen halben Esslöffel mit Essig und ein wenig *liquamen* oder nimm nach dem Abendessen einen halben Löffel.**

Das ist ein typisches Beispiel für ein Heilrezept, das bei Apicius im dritten Buch, das «der Gärtner» heißt, abgedruckt ist. An den genauen Gewichtsbezeichnungen (1 Unze = 27,3 g und 1 Skrupel = 1,14 g) zeigt sich, daß das Rezept von einem nachträglichen Bearbeiter eingeschoben worden ist. Ob das Gemisch wirklich die angegebene Wirkung hat, dafür übernehmen wir natürlich keinerlei Garantie.

Das gilt auch für folgendes Rezept:

## Brennesseln
*Urticae*

**Weibliche Brennesseln nimm, wenn die Sonne im Widder steht, gegen Krankheit, wenn du willst.**

## Artischocken
*Carduos*

**Bereite die Artischocken mit *liquamen*, Öl und gehackten hartgekochten Eiern zu.**

Vorbereitung: 15 Min.
Kochzeit: 30 Min. und 30 Min. zum Erkalten

Für vier Personen:

| | |
|---|---|
| 4 | Artischocken |
| 2 l | Salzwasser |
| 2 | Eier |
| 4 EL | Distelöl |
| 2 EL | Kräuteressig |
| | Salz und Pfeffer |

Zubereitung: Die Spitzen der Artischockenblätter und die Stiele wegschneiden. In Salzwasser ca. 30 Minuten kochen. Die Artischocken abtropfen lassen. Für die Sauce die Eier hart kochen, hacken und mit Öl, Essig, Salz und Pfeffer mischen. Zu den kalten Artischocken servieren.

## Artischocken auf andere Art
*Aliter carduos*

**Stampfe Raute, Minze, Koriander und Fenchel, alles frisch. Gib Pfeffer, Liebstöckel, Honig, *liquamen* und Öl dazu.**

Vorbereitung: 10 Min.
Kochzeit: 30 Min. und 15 Min. zum Erkalten

Für vier Personen:

| | |
|---|---|
| 4 | Artischocken |
| 2 l | Wasser |
| 1 TL | Raute oder 2 EL Cynar |
| 1 EL | Minze |
| ½ EL | Koriander |
| ¼ TL | Fenchelsamen |
| 1 TL | Liebstöckel |
| ½ TL | Honig |
| 2 EL | Distelöl |
| 1 TL | Salz |
| ¼ TL | Pfeffer |

Zubereitung: Die Spitzen der Artischockenblätter und die Stiele wegschneiden. In einem Sud aus Wasser, Raute oder Cynar, Minze, Koriander, Fenchelsamen, Liebstöckel, Honig, Öl, Salz und Pfeffer die Artischocken ca. 30 Minuten kochen. Abtropfen lassen und lauwarm servieren.
Die andere Methode – das gilt übrigens auch für das vorangehende Rezept – wäre, die Sauce wie im folgenden Beispiel als eine Art Vinaigrette zu betrachten, die man zu den in Salzwasser gekochten Artischocken serviert. Das empfiehlt sich, wenn man die Blätter in eine Sauce tauchen und dann das Fruchtfleisch erst im Mund mit den Zähnen lösen will. Serviert man nur die Artischockenböden, empfehlen wir eher die erste Methode.

## Gekochte Artischocken
### *Carduos elixos*

**Richte die Artischocken mit Pfeffer, Kümmel, *liquamen* und Öl an.**

Vorbereitung: 5 Min.
Kochzeit: 30 Min.

Für vier Personen:

| | |
|---|---|
| 4 | Artischocken |
| 2 l | Salzwasser |
| ¼ TL | Pfeffer |
| ¼ TL | Kümmel |
| 4 EL | Sojasauce |
| 4 EL | Olivenöl |

Zubereitung: Die Spitzen der Artischockenblätter und die Stiele wegschneiden. In Salzwasser ca. 30 Minuten kochen. Die Artischocken abtropfen lassen. Mit einer Sauce aus gemahlenem Pfeffer und Kümmel, Sojasauce und Öl servieren.

## Gebratene Möhren
*Carotae frictae*

**Richte die Möhren mit *oenogarum* an.**

Vorbereitung: 5 Min.
Kochzeit: 25 Min.

Für vier Personen:

| | |
|---|---|
| 800 g | gelbe Rüben |
| ½ l | Salzwasser |
| 2 EL | Sonnenblumenöl |
| 2 TL | Anchovis |
| 1 dl | Weißwein |
| | Salz und Pfeffer |

Zubereitung: Die Rüben putzen und in Scheiben schneiden. In Salzwasser ca. 15 Minuten kochen, abgießen und in der Bratpfanne kräftig anbraten. Mit einer Sauce aus Anchovis und Wein begießen, mit Salz und Pfeffer abschmecken und servieren.

RÜBEN

**Rüben geben wir dir, die gern den Winterfrost haben,**
**Romulus ißt sie ja stets, ob er im Himmel gleich weilt.**

Martial, Epigramme XIII 16

## Möhren auf andere Art
*Carotae*

**Bereite die Möhren mit Salz, reinem Öl und Essig zu.**

Vorbereitung: 5 Min.
Kochzeit: 20 Min. und 30 Min.

Für vier Personen:
800 g gelbe Rüben
½ l Salzwasser
4 EL Distelöl
2 EL Estragonessig
Salz

Zubereitung: Rüben putzen und in Stängelchen schneiden. In Salzwasser ca. 20 Minuten kochen, abgießen und erkalten lassen. Aus Öl, Essig und Salz eine Sauce zubereiten, die Rüben darin ca. 10 Minuten ziehen lassen und servieren.

## Möhren auf eine dritte Art
*Aliter carotas*

**Koche die Möhren und schneide sie in Scheiben. Dann dünste sie in Kümmelsauce mit etwas Öl und serviere. Die Kümmelsauce wird so zubereitet wie für Kohl.**

Vorbereitung: 10 Min.
Kochzeit: 25 Min.

Für vier Personen:

| | |
|---|---|
| 800 g | gelbe Rüben |
| ½ l | Salzwasser |
| ½ EL | Liebstöckel |
| 1 EL | Petersilie |
| 1 EL | Minze |
| ¼ TL | Pfeffer |
| 1 | Lorbeerblatt |
| 1 EL | Baumnussöl |
| 2 TL | Kümmelkörner |
| 1 TL | Honig |
| 1 EL | Weinessig |
| 2 EL | Sojasauce |

Zubereitung: Die Rüben putzen und in Scheiben schneiden. In Salzwasser ca. 10 Minuten kochen. Liebstöckel, Petersilie und Minze hacken und zusammen mit gemahlenem Pfeffer, Lorbeerblatt, Baumnussöl, Kümmel, Honig, Essig und Sojasauce aufkochen. Die abgetropften Rüben und etwas Salzwasser in die Sauce geben und nochmals 15 Minuten kochen.

## *Patina* auf andere Art
### *Aliter patina*

**Stampfe Salatstengel und -rippen mit Pfeffer, *liquamen, caroenum*, Wasser und Öl. Bringe dieses Püree zum Kochen und dicke es mit Eiern an. Bestreue es mit Pfeffer und serviere.**

Vorbereitung: 20 Min.
Kochzeit: 30 Min.

Für vier Personen:

| | |
|---|---|
| 800 g | Krautstiele |
| ¼ TL | Pfeffer |
| 1 EL | Fischsauce |
| 1 EL | Marsala |
| 1 EL | Olivenöl |
| 4 | Eier |
| 2 TL | Butter |

Zubereitung: Krautstiele rüsten und in wenig Salzwasser ca. 10 Minuten kochen. Abtropfen lassen und zusammen mit gemahlenem Pfeffer, Fischsauce, Marsala und Öl im Mixer pürieren. Die geschlagenen Eier darunterziehen und in eine gebutterte Auflaufform geben. Bei mittlerer Hitze im Backofen ca. 30 Minuten eindicken lassen.

## Warmer und kalter Brennesselauflauf
*Patina urticarum calida et frigida*

**Nimm Brennesseln, wasche sie, lasse sie durch ein Tuch abtropfen, trockne sie auf dem Tisch und schneide sie klein. Zerstoße 10 Skrupel (11,4 g) Pfeffer, gieße *liquamen* dazu. Nachher gib zwei Gläschen *liquamen* und sechs Unzen (164 g) Öl dazu. Laß es in einem Topf kochen. Wenn es gekocht hat und gar ist, nimm alles vom Feuer, so daß es abkühlt. Nachher fette eine saubere Auflaufform ein, schlage acht Eier auf und verquirle sie. Gieße alles in eine Form, direkt an der Unterseite soll es noch heiße Asche haben. Wenn es steif ist, streue Pfeffer darauf und serviere.**

Vorbereitung: 10 Min.
Kochzeit: 20 Min.

Für vier Personen:

| | |
|---|---|
| 600 g | Brennesseln oder Spinat oder Mangold (nur zarte Brennesseln im Frühling) |
| 3 EL | Sonnenblumenöl |
| 5 EL | Austernsauce |
| ¼ TL | Pfeffer |
| 6 | Eier |
| ½ EL | Butter |
| | Pfeffer |

Zubereitung: Die Brennessel mit Handschuhen pflücken, waschen, abtrocknen und hacken. In einen Topf Öl, Austernsauce und gemahlenen Pfeffer geben und die Brennesseln darin 5 Minuten dünsten. Auskühlen lassen. Die Eier aufschlagen, mit den Brennesseln mischen und in eine gebutterte Auflaufform geben. Im Backofen bei 200 Grad ca. 15 Minuten eindicken lassen. Mit Pfeffer bestreuen und kalt oder warm servieren. Natürlich können auch Omeletten gemacht werden.

## Linsen mit Muscheln
*Lenticula ex sfondylis*

Nimm einen sauberen Topf und koche die Linsen darin. Zerstampfe im Mörser Pfeffer, Kümmel, Koriandersamen, Minze, Raute und Flohkraut; befeuchte die Mischung mit Essig; füge Honig, *liquamen* und *defrutum* hinzu, schmecke mit Essig ab und gieße dies in einen Topf. Dann faschiere gekochte Muscheln, gib sie dazu und lasse das Ganze aufkochen. Wenn es kocht, binde es. Serviere das Gericht in einer Schüssel und gieße bestes Öl darüber.

Vorbereitung: 15 Min. und 8 Std. Einweichzeit
Kochzeit: 40 Min.

Für vier Personen:

| | |
|---|---|
| 200 g | Linsen |
| 1 l | Mineralwasser |
| ¼ TL | Pfeffer |
| 1 MS | Kümmel |
| 1 MS | Koriandersamen |
| 1 EL | Minze |
| 1 EL | Zitronenmelisse |
| 1 TL | Raute oder 1 EL Campari |
| 1 TL | Salz |
| 2 EL | Kräuteressig |
| 1 TL | Honig |
| 2 EL | Austernsauce |
| 1 EL | Marsala |
| 100 g | gekochte Muscheln |
| 2 EL | bestes Olivenöl |

Zubereitung: Die Linsen 8 Stunden in Mineralwasser einweichen und ca. 35 Minuten kochen. Pfeffer, Kümmel und Koriandersamen mahlen, Minze, Zitronenmelisse und Raute hacken und mischen. Salz, Essig, Honig, Austernsauce, Marsala und gekochte, gehackte Muscheln dazugeben. Zu den abgetropften Linsen geben und nochmals 5 Minuten kochen. Mit bestem Olivenöl begießen und servieren.

## Linsen mit Kastanien
*Lenticulam de castaneis*

Koche die Linsen. Nimm einen neuen Topf und gib die sorgfältig gesäuberten Kastanien hinein. Gib Wasser und ein wenig Natron dazu und laß es kochen. Während die Kastanien kochen, stampfe im Mörser Pfeffer, Kümmel, Koriandersamen, Minze, Raute, Laserwurzel und Flohkraut. Gieße Essig, Honig und *liquamen* dazu, schmecke mit Essig ab und gieße die Mischung über die Kastanien. Gib Öl dazu und lasse alles aufkochen. Rühre kräftig um. (Gib die Kastanien zu den Linsen.) Probiere: Wenn noch etwas fehlt, gib es dazu. Nachdem du es in eine Servierschüssel getan hast, gib noch bestes Öl dazu.

Vorbereitung: 15 Min. und 8 Std. Einweichzeit
Kochzeit: 50 Min.

Für vier Personen:

| | |
|---|---|
| 250 g | Linsen |
| 1 l | Mineralwasser |
| ½ l | Gemüsebouillon |
| 150 g | frische Kastanien |
| ½ TL | Natron |
| ½ TL | Salz |
| ¼ TL | weißer Pfeffer |
| ¼ TL | Kümmel |
| ½ TL | Koriander |
| 1 TL | Minze |
| ¼ TL | Raute oder ½ EL Cynar |
| ¼ TL | Asant oder 1 gehackte, gedämpfte Zwiebel |
| ½ TL | Zitronenmelisse |
| ½ EL | Aceto Balsamico di Modena |
| 1 TL | Honig |
| 1 EL | Sojasauce |
| 3 EL | Olivenöl |

Zubereitung: Die Linsen – wir würden aus farblichen Gründen rote Linsen vorschlagen – 8 Stunden in Mineralwasser einweichen. In der Gemüsebouillon 25 bis 40 Minuten weichkochen. Hier muß man je nach Linsenart probieren, die Linsen sollten noch ein wenig Biß haben. Die Kastanien kreuzweise einschneiden und in leicht gesalzenem Wasser zusammen mit dem Natron 40 Minuten kochen. Etwas auskühlen lassen, Schale und innere braune Haut entfernen. (Man kann natürlich auch bereits gebratene Kastanien beim Maronimann kaufen.) Nun durch die Passiermaschine treiben oder mit dem Mixer zu einem Brei zerkleinern. In der Gewürzmühle die Kräuter und Gewürze mahlen, einen EL Olivenöl, Honig, Essig und Sojasauce dazugeben. Linsen, Kastanienpüree und Sauce mischen, kurz aufkochen und auf kleiner Flamme unter gelegentlichem Umrühren köcheln lassen. Abschmecken, mit 2 EL Olivenöl beträufeln und servieren.

Das harmonische Zusammenspiel von Linsen und Kastanienpüree war eine unerwartete und sehr schöne Entdeckung bei diesem Rezept.

LINSEN

**Nimm die Linsen vom Nil, aus Pelusium kommt diese Gabe,**
**billiger als der Spelt, teurer als Bohnen jedoch.**

Martial, Epigramme XIII 9

## Erbsenauflauf
*Pisam farsilem*

Koche die Erbsen. Füge Öl hinzu. Nimm Schweinebauch und gib ihn zusammen mit *liquamen*, ganzen Lauchstangen und frischem Koriander in einen Topf. Setze ihn aufs Feuer und laß alles kochen. Schneide kleine Würfel aus gehacktem Fleisch und koche sie zusammen mit Drosseln, kleinen Vögeln oder aufgeschnittenem Huhn; koche halbgares Hirn in der Brühe. Grille lukanische Würstchen, koche einen Vorderschinken und röste 450 g Pinienkerne. Stampfe im Mörser Pfeffer, Liebstöckel, Oregano und Ingwer, gieße Brühe von dem Schweinebauch darüber und rühre dies glatt. Nimm eine Auflaufschüssel, die sich stürzen läßt, und lege sie mit *omentum* (Netzhaut) aus. Fette sie mit Öl. Streue Pinienkerne hinein und lege eine Schicht Erbsen darüber, so daß der Boden der Schüssel bedeckt ist. Darüber gib das Fleisch von dem Vorderschinken, den Lauch und die in Scheiben geschnittenen lukanischen Würstchen, darüber wieder eine Schicht Erbsen. Ebenso fülle die übrigen Zutaten ein, schichtweise mit den Erbsen abwechselnd, bis die Schüssel voll ist und so, daß die oberste Schicht von den Erbsen gebildet wird. Koche dies im Backofen oder auf kleinem Feuer, bis es steif wird. Lasse Eier hart kochen, entferne die Dotter und stampfe das Eiweiß zusammen mit weißem Pfeffer, Pinienkernen, Honig, Weißwein und etwas *liquamen*, gib dies in einen Topf und lasse es kochen. Wenn es gekocht hat, stürze den Erbsenauflauf auf eine flache Schale und gieße die Sauce darüber. Diese Sauce nennt man «weiße Sauce».

| | |
|---|---|
| Vorbereitung: | 30 Min. (und evtl. 3 ½ Std. für die Zubereitung des Hirnes) |
| Kochzeit: | 50 Min. und 15 Min. Backzeit |

Für vier Personen:

| | | | |
|---|---|---|---|
| 1 kg | frische, grüne Erbsen | 2 | Lauchstengel |
| ½ l | Gemüsebouillon | ½ l | Gemüsebouillon |
| 250 g | geräucherter Speck | 150 g | Pinienkerne |
| 1 | Lauchstengel | 1 EL | Butter |
| 1 | Korianderzweig | ¼ TL | Pfeffer |
| 200 g | geschnetzeltes Hühnerfleisch | 1 EL | Liebstöckel |
| | Salz und Pfeffer | 1 EL | Oregano |
| 1 EL | Sonnenblumenöl | 2 EL | Sonnenblumenöl |
| 1 | Kalbshirn (evtl.) | | Alufolie |
| 2 | Schweinswürstchen | | |
| 200 g | Schinken am Stück | | |

Und für die Sauce:

| | | | |
|---|---|---|---|
| 5 | Eiweiß | ½ TL | Salz |
| 50 g | Pinienkerne | 1 TL | Honig |
| ¼ l | Milch | 2 EL | Weißwein |
| 1 MS | weißer Pfeffer | | |

Zubereitung: Die Erbsen enthülsen, in Bouillon 15 Minuten kochen und abgießen. Den geräucherten Speck zusammen mit 1 Lauchstengel und 1 Korianderzweig in Wasser ca. 50 Minuten kochen. In mundgerechte Stücke schneiden. Das geschnetzelte Hühnerfleisch anbraten und mit Salz und Pfeffer würzen. (Nach Belieben wie im Rezept «Alltags-*patina*», S. 143, das Hirn zubereiten.) Die Schweinswürstchen 20 Minuten in heißem Wasser ziehen lassen und zerschneiden. Den Schinken in Würfel schneiden. Den Lauch in Ringe schneiden, 15 Minuten in Gemüsebouillon kochen und abgießen. Die Pinienkerne in Butter leicht rösten. Gemahlenen Pfeffer, gehackten Liebstöckel, Oregano und 1 dl des Wassers, in dem der Speck gekocht worden ist, mischen. Eine Auflaufform mit Alufolie auslegen. Die Folie mit Öl bestreichen. Den Boden mit der Hälfte der Pinienkerne bedecken, ⅓ der Erbsen daraufgeben. Und weiter lagenweise Speck, Lauch, Hühnerfleisch, evtl. Hirn, ⅓ der Erbsen, Schweinswürstchen, Pinienkerne, Schinken und den Rest der Erbsen hineinschichten. Mit der Gewürz-Speckbrühe begießen und im Backofen bei 180 Grad 15 Minuten überbacken. Auf eine Platte stürzen, die Alufolie entfernen und mit folgender Sauce begießen:
Mit dem Mixer das Eiweiß von hartgekochten Eiern, die in Milch eingeweichten Pinienkerne (mit der Milch), gemahlenen weißen Pfeffer, Salz, Honig und Weißwein mischen und 10 Minuten kochen lassen.

Das Gericht schmeckt gut und interessant, ob es wirklich den Aufwand lohnt, mag jeder selbst entscheiden. Einen Versuch ist es allemal wert.

## Erbsen
*Pisa*

**Koche die Erbsen und schöpfe den Schaum ab. Dann gib Lauch, Koriander und Kümmel dazu. Stampfe im Mörser Pfeffer, Liebstöckel, Wiesenkümmel, Dill, frischen Basilikum. Feuchte die Mischung mit *liquamen* an, und schmecke mit Wein und *liquamen* ab. Lasse das Ganze aufkochen. Wenn es aufgekocht hat, rühre um. Wenn noch etwas fehlt, gib es dazu und trage auf.**

Vorbereitung: 15 Min.
Kochzeit: 20 Min.

Für vier Personen:

| | |
|---|---|
| 1 kg | frische grüne Erbsen |
| ¼ l | Gemüsebouillon |
| 1 | Lauchstange |
| 1 EL | Koriander |
| ½ EL | Liebstöckel |
| 1 EL | Dill |
| 1 EL | Basilikum |
| ¼ TL | weißer Pfeffer |
| ¼ TL | Kümmel |
| 1 EL | Austernsauce |
| 1 EL | Weißwein |

Zubereitung: Die Erbsen enthülsen und in Bouillon 15 Minuten kochen. Den Lauch in feine Ringe schneiden und zusammen mit den gehackten Kräutern, den gemahlenen Gewürzen und den anderen Zutaten zu den Erbsen geben und nochmals 5 Minuten kochen.

## Erbsen oder Saubohnen à la Vitellius
## *Pisam Vitellianam sive fabam*

**Koche die Erbsen und rühre sie zu einem glatten Püree. Stoße Pfeffer, Liebstöckel und Ingwer in einem Mörser und gib Eidotter, die du hartgekocht hast, und drei Unzen (82 g) Honig, *liquamen*, Wein und Essig über die Gewürze. Fülle all dies in einen Topf, füge Öl hinzu und bringe es zum Kochen. Würze die Erbsen oder Bohnen mit dieser Sauce. Rühre sie glatt, falls sich Klümpchen gebildet haben. Gib den Honig dazu und serviere.**

Vorbereitung: 15 Min. und 12 Std. Einweichzeit
Kochzeit: 1 ¾ Std.

Für vier Personen:

| | |
|---|---|
| 300 g | getrocknete Erbsen oder Bohnen |
| 2 | Eigelb von hartgekochten Eiern |
| ½ EL | Liebstöckel |
| ¼ TL | Ingwerpulver |
| ¼ TL | Pfeffer |
| 2 EL | herber Weißwein |
| 1 EL | Weinessig |
| 1 EL | Honig |
| 4 EL | Austernsauce |
| 1 EL | Olivenöl |

Zubereitung: Die Erbsen oder Bohnen ca. 12 Stunden in Mineralwasser einlegen. Danach etwa 1 ½ Stunden in Wasser weichkochen. In der Zwischenzeit das Eigelb und den frischen Liebstöckel fein hacken. Wein, Essig, Honig, Austernsauce und Öl in einem kleinen Topf erwärmen, Eigelb, Liebstöckel, Pfeffer und Ingwerpulver dazugeben. Die Erbsen oder Bohnen gut abtropfen lassen und mit dem Mixer pürieren. Alle Zutaten gut mischen, nochmals aufkochen, abschmecken und servieren. Für manchen Geschmack mag es zu süß sein, also Vorsicht mit dem Honig!

Das Gericht ist – darauf deutet auch schon die genaue Maßangabe beim Honig hin – erst nachträglich in das Buch eingeschoben worden. Vitellius war einer der Kaiser im Vierkaiserjahr 69 n. Chr. Er galt nicht nur als Gourmet und Gourmand, sondern soll auch selbst Speisen erfunden haben.

## Erbsen oder Bohnen à la Vitellius
*Pisam sive fabam Vitellianam*

**Koche die Erbsen oder Bohnen und schäume sie ab. Füge Lauch, Koriander und Malvenblüten hinzu. Während es kocht, stoße im Mörser Pfeffer, Liebstöckel, Oregano und Fenchelsamen. Befeuchte die Mischung mit *liquamen* und schmecke mit Wein und *liquamen* ab. Gieße die Mischung über die Bohnen in den Topf, füge Öl hinzu und rühre um. Gib bestes Öl darüber und serviere.**

Vorbereitung: 15 Min.
Kochzeit: 20 Min.

Für vier Personen:

| | |
|---|---|
| 1 kg | frische grüne Erbsen oder 750 g grüne Bohnen |
| 1 | Lauchstengel |
| 1 EL | Koriander |
| ½ EL | Malvenblüten |
| ½ l | Gemüsebouillon |
| ¼ TL | Pfeffer |
| 1 EL | Liebstöckel |
| ½ EL | Oregano |
| ¼ TL | Fenchelsamen |
| 2 EL | Sojasauce |
| 1 EL | Weißwein |
| 2 EL | bestes Olivenöl |

Zubereitung: Die Erbsen enthülsen bzw. die Bohnen putzen. Die Erbsen (ca. 15 Minuten) oder Bohnen (ca. 20 Minuten) zusammen mit dem in Streifen geschnittenen Lauch, dem gehackten Koriander und den Malvenblüten in Gemüsebouillon kochen. Gemahlenen Pfeffer, gehackten Liebstöckel und Oregano, Fenchelsamen, Sojasauce und Wein mischen und zum abgetropften Gemüse geben. Nochmals aufkochen, mit Olivenöl beträufeln und servieren.

Da Erbsen oder Saubohnen für die altrömische Küche zwei ganz wichtige Gemüse waren, folgen hier noch zwei unkommentierte Rezepte:

## Erbsen oder Saubohnen auf andere Art
*Aliter pisa sive faba*

Nach dem Abschäumen zerstampfe im Mörser Honig, *liquamen*, *caroenum*, Kümmel, Raute, Selleriesamen, Öl und Wein. Trage es mit gemahlenem Pfeffer oder mit Geschnetzeltem auf.

## Erbsen oder Saubohnen auf eine dritte Art
*Aliter pisam sive fabam*

Würze sie, wenn sie abgeschäumt sind, mit fein gemahlenem parthischem Laser, *liquamen* und *caroenum*. Gieße ein wenig Öl darüber und trage auf.

BOHNEN

Wenn die weißliche Bohne dir schäumt im rötlichen Topfe,
auf der Reichen Mahl leistest du gern dann Verzicht.

Martial, Epigramme XIII 7

## *Conchicla* mit Bohnen
## *Conchicla cum faba*

**Koche die Bohnen. Stampfe im Mörser Pfeffer, Liebstöckel, Kümmel und frischen Koriander, befeuchte die Mischung mit *liquamen* und schmecke mit Wein und *liquamen* ab. Gieße sie über die Bohnen in den Topf, füge Öl hinzu. Lasse dies über kleinem Feuer kochen und serviere.**

Vorbereitung: 10 Min.
Kochzeit: 35 Min.

Für vier Personen:
800 g Bohnen
½ l Gemüsebouillon
1 MS Pfeffer
1 MS Kümmel
½ EL Liebstöckel
1 EL Koriander
2 EL Sojasauce
2 EL Olivenöl
1 EL Weißwein
1 TL Anchovis

Zubereitung: Die Bohnen putzen und in Gemüsebouillon ca. 30 Minuten kochen, abgießen. Gemahlenen Pfeffer und Kümmel, gehackten Liebstöckel und Koriander, Sojasauce, Öl, Wein und Anchovis mischen und zu den Bohnen geben. Nochmals 5 Minuten kochen und servieren.

Das Wort *conchicla* bezeichnet mit Sicherheit ein bestimmtes Gefäß, welches ist aber unklar. Einige übersetzen den Begriff mit «Bohnentopf», von dem Wort *conchis* (Bohne mit der Schote) kommend. Andere leiten es von *concha,* der Muschel(-schale) her.

## *Conchicla* à la Commodus
*Conchicla Commodiana*

**Koche Erbsen, schäume sie ab. Dann stampfe Pfeffer, Liebstöckel, Dill und Zwiebel, befeuchte die Mischung mit *liquamen* und schmecke sie mit Wein und *liquamen* ab. Gib sie zu den Erbsen in den Topf, so daß die Würze völlig aufgesogen wird. Dann nimm 4 Eier auf ½ l Erbsenbrühe, schlage sie, gib das Ganze in einen irdenen Topf, lasse es über kleinem Feuer steif werden und serviere.**

Vorbereitung: 10 Min. und 12 Std. Einweichzeit
Kochzeit: 1 ½ Std. und 15 Min.

Für vier Personen:

| | |
|---|---|
| 400 g | getrocknete Erbsen |
| 1 l | Mineralwasser |
| 1 | Zwiebel |
| ¼ TL | Pfeffer |
| 1 EL | Liebstöckel |
| 2 EL | Dill |
| 2 EL | Weißwein |
| 1 EL | Anchovis |
| 5 | Eier |
| 1 TL | Salz |
| 1 MS | Pfeffer |

Zubereitung: Die Erbsen ca. 12 Stunden in Mineralwasser legen und danach gut 1 ½ Stunden in Wasser kochen. Abtropfen und pürieren. Die gehackte Zwiebel andämpfen und mit gemahlenem Pfeffer, gehacktem Liebstöckel und Dill, Wein und Anchovis mischen und zur Erbsenbrühe geben. Solange kochen, bis die Sauce aufgesogen ist. Die Eier schlagen, mit Salz und Pfeffer würzen und gut mit der Erbsenbrühe vermengen. In eine gebutterte Auflaufform geben und im Backofen bei 200 Grad 15 Minuten steif werden lassen.

Das Gericht ist besser als der Ruf des Kaisers Commodus (180–192 n. Chr.), dem es gewidmet ist.

## *Conchicla* auf andere Art
*Aliter conchiclam*

**Koche Erbsen. Schneide ein Huhn in kleine Stücke und lasse es in *liquamen*, Öl und Wein schmoren. Füge zu diesem Huhn gehackte Zwiebel, gehackten Koriander und abgehäutetes Hirn hinzu. Wenn es gar ist, nimm die Hühnerstücke heraus und entferne die Knochen. Dann hacke eine Zwiebel und Koriander fein und passiere darüber die gekochten, noch nicht gewürzten Erbsen. Nimm einen Topf von passender Größe und gib alle Zutaten hinein. Dann stampfe Pfeffer und Kümmel und befeuchte dies mit etwas von der Hühnerbrühe. Daneben schlage im Mörser 2 Eier auf und mische sie mit den Gewürzen. Gib dies hinzu. Garniere mit ganzen, gekochten Erbsen, über die du etwas von der noch übrigen Hühnerbrühe gegossen hast, oder mit Pinienkernen. Laß das Ganze auf kleinem Feuer kochen und serviere.**

| | |
|---|---|
| Vorbereitung: | 45 Min. und 12 Std. Einweichzeit |
| | 3 ½ Std. für die Zubereitung des Hirns |
| Kochzeit: | 20 Min. |

Für vier Personen:

| | | | |
|---|---|---|---|
| 1 | Kalbshirn oder Kalbsbries | 2 EL | Distelöl |
| 1 EL | Essig | 1 | Zwiebel |
| 2 EL | Salz | ½ EL | Koriander |
| 2 TL | Zitronensaft | 4 EL | Sojasauce |
| 300 g | getrocknete Erbsen | 1 EL | Weißwein |
| 1 l | Mineralwasser | 3 | Eier |
| 1 | Zwiebel | ¼ TL | Pfeffer |
| 1 EL | Koriander | 1 MS | Kümmel |
| 250 g | frische Grünerbsen | 1 TL | Salz |
| ¼ l | Gemüsebouillon | 1 TL | Butter |
| 500 g | Hühnerbrust | | |

Zubereitung: Das Kalbshirn 2 Stunden in kaltes Wasser einlegen, anschließend eine Stunde in kaltes Essigwasser (1 l Wasser, 1 EL Essig).
Danach das Hirn in 2 l Wasser, in das 2 EL Salz und 2 TL Zitronensaft gegeben worden sind, ca. 15 Minuten vor dem Siedepunkt ziehen lassen. Das Hirn von der Außenhaut und von den weißen Adern an der Unterseite befreien und in kleine Stücke schneiden.

Die Erbsen ca. 12 Stunden in Mineralwasser legen. Danach ca. 1 ½ Stunden in Wasser kochen. Abtropfen, pürieren und mit gehackter Zwiebel und Koriander mischen. Die frischen Grünerbsen enthülsen und 15 Minuten in Gemüsebouillon kochen. Die Hühnerbrust in mundgerechte Stücke schneiden und in Öl braten. Dann die gehackte Zwiebel, gehackten Koriander, Sojasauce, Wein und das Hirn dazugeben und 5 Minuten kochen. Die Eier aufschlagen, mit dem Fleisch und dem Erbsenpüree mischen und mit gemahlenem Pfeffer, Kümmel und Salz würzen. Diese Mischung in eine gebutterte Auflaufform geben und mit den frischen Grünerbsen bedecken. Bei kleiner Hitze steif werden lassen.

Hier handelt es sich wohl, wie auch bei den anderen *conchicla*-Gerichten, um ein typisches Beispiel für Resteverwertung.

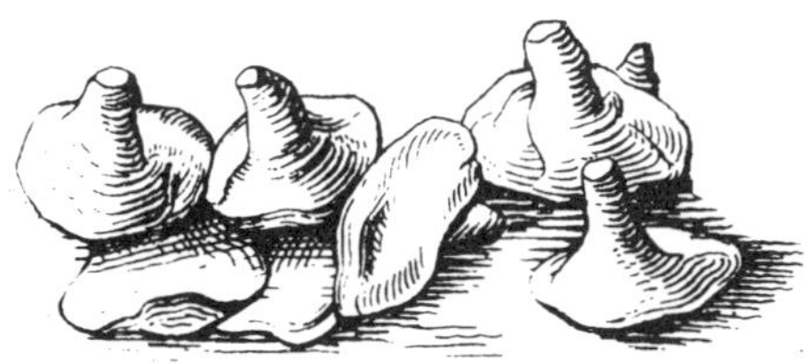

## Grüne Bohnen
### *Fabaciae virides*

**Grüne Bohnen serviert man gekocht mit *liquamen*, Öl, frischem Koriander, Kümmel und gehacktem Lauch.**

Vorbereitung: 10 Min.
Kochzeit: 20 Min.

Für vier Personen:

| | |
|---|---|
| 1 kg | frische, grüne Bohnen |
| 1 l | Gemüsebouillon |
| 2 EL | Fischsauce |
| 4 EL | Olivenöl |
| 1 EL | Koriander |
| ½ TL | Kümmelsamen |
| ½ | Lauch |

Zubereitung: Die Bohnen rüsten und in Gemüsebouillon ca. 15 Minuten kochen, bis sie fast gar sind. Abtropfen lassen. Aus Fischsauce, Öl, gehacktem Koriander, Kümmelsamen und ganz fein geschnittenem Lauch eine Sauce zubereiten und mit den Bohnen mischen. Etwas ziehen lassen und lauwarm oder kalt servieren.

## Bohnen auf andere Art
### *Aliter fabaciae*

**Man serviert die Bohnen mit gemahlenen Senfkörnern, Honig, Pinienkernen, Raute, Kümmel und Essig.**

Vorbereitung: 10 Min.
Kochzeit: 20 Min.

Für vier Personen:

| | |
|---|---|
| 1 kg | frische, grüne Bohnen |
| 1 l | Gemüsebouillon |
| ½ TL | Senfkörner |
| 1 MS | Kümmel |
| 2 TL | Honig |
| 2 EL | Pinienkerne |
| ½ TL | Raute oder 1 EL weißer Vermouth |
| 2 EL | Weinessig |
| | Salz und Pfeffer |

Zubereitung: Die Bohnen putzen und in Gemüsebouillon ca. 15 Minuten kochen, bis sie fast gar sind. Abtropfen lassen. Aus gemahlenen Senfkörnern und Kümmel, Honig, zerstampften Pinienkernen, Raute und Essig eine Sauce zubereiten und mit den Bohnen mischen. Mit Salz und Pfeffer abschmecken. Etwas ziehen lassen und lauwarm oder kalt servieren.

## Bohnen von Baiae
*Baianas*

**Koche die Bohnen und schneide sie fein. Serviere sie mit Raute, grünem Sellerie, Lauch, Essig, Öl, *liquamen* und etwas *caroenum* oder *passum.***

Vorbereitung: 10 Min.
Kochzeit: 20 Min.

Für vier Personen:

| | |
|---|---|
| 1 kg | frische, grüne Bohnen |
| 1 l | Gemüsebouillon |
| 1 TL | Selleriekraut |
| ½ | Lauch |
| ¼ TL | Raute oder 1 EL weißer Vermouth |
| 2 EL | Kräuteressig |
| 3 EL | Distelöl |
| 2 EL | Austernsauce |
| 1 EL | Marsala |
| | Salz und Pfeffer |

Zubereitung: Die Bohnen putzen und in Gemüsebouillon ca. 15 Minuten kochen, bis sie fast gar sind. Abtropfen lassen und klein schneiden. Aus gehacktem Selleriekraut, fein geschnittenem Lauch, Raute, Essig, Öl, Austernsauce und Marsala eine Sauce zubereiten und mit den Bohnen mischen. Mit Salz und Pfeffer abschmecken. Etwas ziehen lassen und lauwarm oder kalt servieren.

## Waldpilze
*fungi farnei*

**Waldpilze werden gekocht, noch heiß abgetropft, mit einer Mischung aus zerstoßenem Pfeffer und *liquamen* serviert.**

## Sauce für Waldpilze
*In fungis farneis*

**Nimm Pfeffer, *caroenum*, Essig und Öl**

In Rom wie in allen mediterranen antiken Kulturen waren Pilze (nicht nur bei den Giftmischerinnen) sehr beliebt. Besonders geschätzt wurde der Steinpilz, alle Maronenarten und Pfifferlinge. Diese Waldpilze sind zu unterscheiden von den Champignons, für die die Rezepte auf den folgenden Seiten gedacht sind. Die ersten beiden Rezepte auf dieser Seite bedürfen keiner Erläuterung; interessant fanden wir das folgende Rezept:

## Waldpilze auf andere Art
*Aliter fungi farnei*

**Serviere sie mit Salz, Öl, unvermischtem Wein und gehacktem Koriander.**

Vorbereitung: 5 Min.
Kochzeit: 15 Min.

Für vier Personen:
800 g Waldpilze
2 EL Sonnenblumenöl
2 EL Weißwein
Salz, Pfeffer
1 EL Koriander

Zubereitung: Die geputzten und geschnittenen Pilze im Öl andämpfen. Mit Wein ablöschen und den Wein einkochen lassen. Wenig Wasser zugeben und 10 Minuten köcheln lassen. Mit Salz, Pfeffer und gehacktem Koriander bestreuen und servieren.

## Champignons
*Boletos fungos*

**Zerschneide deren Stiele und gib sie in einen flachen Topf, unter Zugabe von Pfeffer, Liebstöckel und ein wenig Honig. Schmecke mit *liquamen* ab. Dazu ein wenig Öl.**

Vorbereitung: 10 Min.
Kochzeit: 10 Min.

Für vier Personen:
500 g Champignons
1 EL Liebstöckel
½ TL Honig
2 EL bestes Olivenöl
Salz und Pfeffer

Zubereitung: Die gereinigten Champignons in Scheiben schneiden und in eine Pfanne geben. Mit Salz, Pfeffer und gehacktem Liebstöckel bestreuen. Honig und Olivenöl mischen und über das Gericht träufeln. Die Champignons ohne Flüssigkeitszugabe in der zugedeckten Pfanne auf kleinem Feuer ca. 10 Minuten lang mehr ziehen als dünsten lassen.

Wir gingen davon aus, daß die Pilze – obwohl nicht angegeben – leicht gedünstet werden müssen. Das *liquamen* haben wir durch Salz ersetzt. Daß man dies – wenn wohl auch selten, denn Salz war teurer – getan hat, läßt sich aus dem zweiten Rezept ersehen:

## Champignons auf andere Art
*Boletos aliter*

Man serviere deren Hüte besprengt mit *liquamen* oder Salz.

## Champignons auf eine dritte Art
*Boletos fungos*

**Koche Champignons in *caroenum* mit einem Bündel frischen Korianders. Sobald sie gar sind, nimm das Bündel heraus und serviere.**

| | |
|---|---|
| Vorbereitung: | 5 Min. |
| Kochzeit: | 15 Min. |

Für vier Personen:

| | |
|---|---|
| 800 g | Champignons |
| 3 | Stengel frischer Koriander |
| 3 EL | Marsala |
| | Salz, Pfeffer |

Zubereitung: Die Champignons putzen und große Exemplare teilen. Zusammen mit einem Bündel Koriander in Marsala und wenig Wasser 10 Minuten köcheln lassen. Koriander entfernen und mit Salz und Pfeffer abschmecken.

PILZE

**Silber und Gold zu schicken sowie auch Mantel und Toga,**
**das ist jederzeit leicht; Pilze zu schicken ist schwer.**

Martial, Epigramme XIII 48

## Dessert

## Süße Weizengrütze
*Apothermum*

**Mische gekochte Grütze mit geschälten, in Wasser eingeweichten und – damit sie gleichmäßig weiß werden – mit Kreide zum Silberputzen eingeriebenen Nüssen und Mandeln. Gib Rosinen, *caroenum* oder *passum* dazu. Bestreue das Gericht mit Pfeffer und serviere es in einer Schüssel.**

Vorbereitung: 20 Min.
Kochzeit: 20 Min. und 4 Std. zum Ausquellen und Erkalten

Für vier Personen:

| | |
|---|---|
| 100 g | Kruska (4-Korn-Weizengrütze) |
| 30 g | Pinienkerne |
| 30 g | geschälte, gestiftelte Mandeln |
| 3 dl | Milch |
| 20 g | Rosinen |
| 3 EL | Birnendicksaft |
| 1 | Messerspitze Pfeffer |

Zubereitung: Die Weizengrütze zusammen mit der Milch in einen Topf geben und die Mandeln und Pinienkerne in etwas Wasser einlegen. Nach ca. einer halben Stunde Mandeln und Pinienkerne abseien, zur Grütze geben und alles unter ständigem Rühren ca. 20 Minuten kochen lassen. Anschließend ca. 2 Stunden ausquellen lassen. Dann mit Rosinen und Birnendicksaft süßen und vor dem Servieren mit etwas Pfeffer bestreuen. Kalt servieren.

## Gestürzter Auflauf als Süßspeise
*Patina versatilis vice dulcis*

**Zerstampfe im Mörser geröstete Pinienkerne und geknackte, gesäuberte und geröstete Nüsse, und mische sie mit Honig, Pfeffer, *liquamen*, Milch, Eiern, etwas Wein und Öl. (Koche dies in einer flachen Pfanne und stürze es auf einen Teller.)**

Vorbereitung: 15 Min.
Kochzeit: 15 Min.

Für vier Personen:

| | |
|---|---|
| 4 | Eier |
| 4 EL | Honig |
| 1 EL | geröstete und zerstampfte Pinienkerne |
| 20 g | geröstete, gemahlene Haselnüsse oder Mandeln |
| 1 MS | Pfeffer |
| 1 | Prise Salz |
| 1 dl | Milch |
| 2 EL | Marsala |
| 1 TL | Maispulver |
| 1 EL | Butter |

Zubereitung: Die Eigelb mit dem Honig schaumig rühren, die anderen Zutaten dazugeben und vorsichtig die zu Schnee geschlagenen Eiweiß und das Maispulver unterziehen. Eine feuerfeste Form mit Butter bestreichen und die Masse hineingeben. Im Backofen bei 220 Grad Oberhitze ca. 15 Minuten überbacken. Auf eine Platte stürzen und sofort servieren.

Aus denselben Zutaten kann man auch sehr schmackhafte Omeletts machen.

## Pfirsich-*patina*
## *Patina de persicis*

**Schäle ziemlich harte Pfirsiche, schneide sie in Stücke und lasse sie kochen. Dann gib sie in eine flache Schüssel, gieße etwas Öl darüber und serviere sie mit Kümmelsauce.**

## Kümmelsauce
## *Cuminatum*

**Nimm Pfeffer, Liebstöckel, Petersilie, getrocknete Minze, Lorbeerblatt, reichlich Kümmel, Honig, Essig und *liquamen*.**

Vorbereitung: 15 Min.
Kochzeit: 10 Min.

Für vier Personen:

| | | | |
|---|---|---|---|
| 1 kg | Pfirsiche | ¼ TL | Pfefferkörner |
| 1 EL | Honig | 1 | Lorbeerblatt |
| ½ dl | Wasser | 1 EL | Walnussöl |
| ¼ EL | Liebstöckel | 1 EL | Honig |
| ½ EL | Petersilie | ½ EL | Weinessig |
| 1 EL | Minze | 1 TL | Sojasauce |
| ½ TL | Kümmelkörner | | |

Zubereitung: Die Pfirsiche kurz in heißes Wasser tauchen, die Haut entfernen und in mundgerechte Stücke schneiden. Honig und Wasser erwärmen und die Pfirsichschnitze darin ca. 10 Minuten kochen. Für die Sauce Liebstöckel, Petersilie und Minze hacken und zusammen mit Kümmel, Pfeffer, Lorbeerblatt, Walnussöl, Honig, Essig und Sojasauce 5 Minuten aufkochen. Sauce durch ein Sieb gießen und zu den Pfirsichen servieren.

Das ist ein interessantes Dessert, aber – das müssen wir ehrlich zugeben – bei fast allen Desserts haben wir etwas Mühe gehabt. Vieles war uns zu süß, manche Geschmackszusammenstellung zu fremd, hier etwa befremdete uns der starke Kümmelgeschmack. Wir haben durch Reduktion von einzelnen Zutaten dann am Schluß meistens noch etwas zusammengebracht, was unseren Gästen mundete, aber die Highlights der Menüs waren die altrömischen Desserts sicher nicht.

## Birnen-*patina*
## *Patina de piris*

**Koche Birnen, entkerne und zerstampfe sie. Mische sie mit Pfeffer, Kümmel, Honig, *passum*, *liquamen* und ein wenig Öl. Nach Zugabe von Eiern mache einen Auflauf, streue Pfeffer darauf und serviere.**

Vorbereitung: 10 Min.
Kochzeit: 40 Min.

Für vier Personen:

| | |
|---|---|
| 1 kg | Birnen |
| 1 MS | Pfeffer |
| 1 MS | Kümmel |
| 2 EL | Honig |
| ¼ TL | Salz |
| 1 EL | Distelöl |
| 3 | Eier |
| 3 EL | Marsala |
| 1 TL | Maispulver |
| 1 EL | Butter |

Zubereitung: Haut und Gehäuse von den Birnen entfernen und diese eine gute Viertelstunde lang in ein wenig Wasser kochen. Gut abtropfen lassen und mit dem Mixer pürieren. Pfeffer und Kümmel mahlen und mit dem Honig, Salz, Öl und den geschlagenen Eiern mischen. Das Maispulver in Marsala auflösen und dazugießen. Das Birnenpüree hinzugeben, nochmals gut verrühren und in eine mit Butter bestrichene Auflaufform einfüllen. Im auf 180 Grad vorgeheizten Backofen ca. 25 Minuten überbacken.

## **Quitten-*patina***
## *Patina de cydoneis*

**Dämpfe Quitten mit Lauch und Honig, *liquamen*, Öl und *defrutum* und serviere. Oder koche sie in Wasser und serviere sie mit Honig.**

Vorbereitung: 15 Min.
Kochzeit: 45 Min.

Für vier Personen:
1 kg Quitten
¼ l Wasser
4 EL Honig

Zubereitung: Quitten waschen, trocken reiben, schälen, Kernhaus entfernen und in kleine Scheiben schneiden. In Wasser ca. 30 Minuten kochen, Honig dazugeben und nochmals ca. 15 Minuten ziehen lassen.

## Eiercreme
### *Tyropatinam*

**Nimm genügend Milch – entsprechend dem Topf, den du verwendest – und vermische die Milch mit Honig wie für einen Milchbrei. Füge 5 Eier auf ½ Liter oder 3 Eier auf ¼ Liter Milch hinzu. Rühre die Eier mit der Milch glatt, passiere die Mischung durch ein Sieb in einen irdenen Topf und lasse sie auf kleinem Feuer kochen. Wenn die Mischung steif ist, bestreue sie mit Pfeffer und serviere.**

| | |
|---|---|
| Vorbereitung: | 5 Min. |
| Kochzeit: | 10 Min. |

Für vier Personen:

| | |
|---|---|
| ½ l | Milch |
| 2–3 EL | Honig |
| 5 | Eier |
| | Pfeffer |

Zubereitung: Den Honig in der Milch auflösen. Die Eier mit dem Schwingbesen schlagen und mit der Milch mischen. Die Mischung im Wasserbad erwärmen, bis sie cremig wird. Während des Erkaltens von Zeit zu Zeit umrühren. Mit wenig Pfeffer abschmecken.

Das Gericht heißt *tyropatina,* was wörtlich mit «ein Gericht mit Käse» übersetzt werden müßte. Wir haben mit zusätzlichem Reib- und Frischkäse experimentiert, aber das Ergebnis war merkwürdig bis miserabel. Einzig mit Mascarpone war das Resultat ansprechend. Deshalb nehmen wir wie einige der Übersetzer an, daß es sich hier schlicht um einen Fehler eines nachträglichen Bearbeiters handelt.

## Süße Omelette mit Milch
*Ova sfongia ex lacte*

**Vermische 4 Eier, ¼ Liter Milch und etwa 30 g Öl. Gib etwas Öl in eine Pfanne, lasse es heiß werden und gieße die Eiermischung hinein. Wenn die Omelette auf einer Seite gar ist, stürze sie auf eine flache runde Platte, übergieße sie mit Honig, bestreue sie mit Pfeffer und serviere.**

Vorbereitung: 10 Min.
Kochzeit: 10 Min.

Für vier Personen:

| | |
|---|---|
| 6 | Eier |
| 3 dl | Milch |
| 1 MS | Salz |
| 4 EL | Sonnenblumenöl |
| 2 EL | Butter |
| 2 EL | flüssiger Honig oder 2 EL Birnendicksaft |

Zubereitung: Die Eier mit dem Schwingbesen schlagen. Milch, Salz und Öl dazugeben. In einer Bratpfanne Butter erhitzen und die Omelette backen. Noch feucht auf die Teller geben und mit Honig (Vorsicht: wird leicht zu süß!) oder mit dem Birnendicksaft begießen. Vorsichtig mit Pfeffer bestreuen und servieren.

## Gefüllte Datteln
*Dulcia domestica*

**Entsteine Datteln und stopfe sie mit Nüssen, Pinienkernen oder gemahlenem Pfeffer. Wälze sie in Salz, brate sie in aufgekochtem Honig und serviere.**

Vorbereitung: 10 Min.
Kochzeit: 5 Min.

Für vier Personen:

| | |
|---|---|
| 12 | große, frische Datteln |
| 12 | Walnußkerne oder etwa 60 g Pinienkerne |
| 2 EL | Honig |
| | Salz und Pfeffer |

Zubereitung: Die Datteln entsteinen und mit einem Walnußkern oder mit Pinienkernen füllen. Vorsichtig mit Salz und Pfeffer würzen. In einem kleinen Topf, den man in ein heißes Wasserbad stellt, Honig flüssig werden lassen. Die Datteln darin wenden und sofort servieren. (Je kälter sie werden, um so klebriger wird der Honig.)

Wir haben ziemlich lange geübt, bis wir die richtige Mischung und die beste Technik gefunden haben. Dann schmeckten die Datteln recht gut, auch wenn sie – wie viele der Desserts – von der Vorliebe der Römer für geschmackliche Gegensätze zeugen. Deshalb kann man über diese Nachspeise geteilter Meinung sein. Einmal zeigt sie natürlich wieder die bei Apicius so beliebte pikante Variante süß-scharf. Aber man kann sich auch fragen, ob sich hier der mehrfache Gegensatz der Geschmacksrichtungen wirklich kulinarisch auszahlt oder einfach die Raffinesse um ihrer selbst willen gepflegt wird.

## Süßspeise
*Dulcia*

**Entferne die Kruste von besten afrikanischen Süßweinbrötchen und weiche sie in Milch ein. Wenn sie sich vollgesogen haben, gib sie in den Backofen, aber nicht zu lange, so daß sie nicht trocken werden. Nimm sie heiß heraus, übergieße sie mit Honig und stich sie an mehreren Stellen ein, so daß der Honig einziehen kann. Bestreue mit Pfeffer und serviere.**

Vorbereitung: 5 Min.
Kochzeit: 5 Min.

Für vier Personen:

| | |
|---|---|
| 4 | Milchbrötchen |
| 2 dl | Milch |
| 4 TL | flüssiger Honig |
| 1 MS | Pfeffer |

Zubereitung: Die Brötchen in Milch einweichen und danach auf ein Backblech legen. Im Backofen so lange backen, daß sie nicht ganz trocken werden. Einstiche machen und mit flüssigem Honig übergießen. Mit Pfeffer bestreuen und servieren.

## Eine andere Süßspeise
*Dulcia*

**Stampfe Pfeffer, Pinienkerne, Honig, Raute und *passum* mit Milch. Koche alles mit angerührtem Mehl. Rühre noch einige Eier darunter und lasse alles weiter kochen. Übergieße mit Honig, bestreue mit Pfeffer und serviere.**

Vorbereitung: 5 Min.
Kochzeit: 20 Min.

Für vier Personen:

| | |
|---|---|
| 1 MS | Pfeffer |
| 1 EL | Pinienkerne |
| 1 TL | Raute oder ½ EL Campari |
| 2 EL | Marsala |
| 3 EL | Honig |
| ½ l | Milch |
| 1 EL | Mehl |
| 3 | Eier |
| 1 EL | flüssiger Honig |

Zubereitung: Gemahlenen Pfeffer, Pinienkerne, Honig, Raute und Marsala in einen Becher geben und mit dem Mixer zu einem glatten Brei verrühren. Mit dem Schwingbesen das Mehl in der Milch aufrühren und alle Zutaten im Wasserbad erhitzen, bis die Masse einzudicken beginnt. Nun die geschlagenen Eier dazugeben und noch einmal aufkochen. In eine angewärmte Form geben, etwas stehenlassen, dann mit flüssigem Honig übergießen und vorsichtig Pfeffer aus der Mühle darüberstreuen.

Das Gericht ist für den heutigen Geschmack etwas süß und braucht Geduld. Im Wasserbad wird der süße Brei nur sehr langsam dicklicher und ist auch am Schluß wenig fest. Erst durch das Stehenlassen gewinnt er etwas an Konsistenz und erinnert dann ein wenig an heutige italienische Nachspeisen.

## Eine letzte Süßspeise
*Dulcia*

**Nimm bestes Weizenmehl, und koche es in heißem Wasser zu einem sehr festen Brei. Streiche ihn auf einer Platte aus. Wenn er abgekühlt ist, schneide kleine Vierecke wie bei süßem Gebäck aus und backe sie in bestem Öl. Nimm sie heraus, übergieße sie mit Honig, streue Pfeffer darauf und serviere. Du wirst sie noch besser machen, wenn du Milch statt Wasser nimmst.**

Vorbereitung: 10 Min.
Kochzeit: 15 Min.

Für vier Personen:
100 g Weißmehl
4 dl Milch
1 EL Butter
4 EL Honig oder 4 EL Birnendicksaft
Pfeffer

Zubereitung: Milch und Mehl mit dem Schwingbesen gut verrühren und in der Pfanne vorsichtig erwärmen, bis ein dicker Brei entsteht. (Pfanne sofort danach abwaschen.) Auf einer Platte ca. 1 cm dick verstreichen und erkalten lassen. Vierecke schneiden und in Butter auf beiden Seiten anbraten. Vorsichtig mit Pfeffer bestreuen und mit flüssigem Honig oder Birnendicksaft bestreichen.

Wir waren bei diesem Rezept ausgesprochen skeptisch, man kann es aber durchaus ausprobieren. Das Ergebnis schmeckt nicht einmal schlecht, sieht aber recht häßlich aus. Deshalb haben wir als Alternative folgendes Rezept ausprobiert:

Für vier Personen:
250 g Blätterteig
4 EL Honig oder 4 EL Birnendicksaft
Pfeffer

Zubereitung: den Blätterteig 3 mm dick auswallen und in kleine Vierecke schneiden. Im vorgeheizten Backofen bei 180 Grad ca. 6 Minuten backen. Danach die Dampfklappe öffnen und nochmals 6 Minuten backen und dann erkalten lassen. Vor dem Servieren mit einer Prise Pfeffer bestreuen und mit flüssigem Honig oder Birnendicksaft begießen.

# Anhang

## Menüvorschläge

*Ex ovo usque ad malum*, «vom Ei zum Apfel», das waren die in Rom geradezu sprichwörtlichen Eckpfeiler eines jeden Essens. Als erster Gang wurde immer eine Eierspeise gereicht. Und den Abschluß bildeten Früchte, vorzugsweise Äpfel. Dazwischen war fast alles möglich.

Das Abendessen, das als einziges die Bezeichnung «Mahlzeit» verdient – mittags und morgens wurde nur sehr wenig und meist nur *fast food* gegessen – bestand aus mehreren Gängen. Wenn nicht eine große Einladung angesagt war, wurden fünf bis zehn Gänge gereicht. Anders als bei uns, aber ähnlich wie heute noch in einigen südlichen Ländern, wurden dabei die einzelnen Speisen als eigenständige Gänge angesehen und gegessen. Es gab zwar größere und kleinere Gänge, Beilagen im heutigen Sinne kannte man aber nicht.

An einer römischen Tafel nahmen in der Regel neun Personen teil, man lud ständig Gäste ein oder aß bei Bekannten. Und auch heute lohnt sich das altrömische Kochen besonders dann, wenn ein paar Freunde eingeladen werden.

Wir haben deshalb im folgenden ein paar Menüvorschläge gemacht – übrigens alles Menüs, die wir selbst gekocht hatten und die (wir sagen das in aller Unbescheidenheit) bei unseren Gästen recht gut ankamen. Wir sind dabei von einer Zahl von insgesamt sechs bis acht Personen ausgegangen, wobei dann für den einzelnen Gang sehr wohl die auf vier Personen berechnete Menge der einzelnen Rezepte genommen wurde. So konnten wir ein wenig mehr Gänge kochen und die ganze Vielfalt der römischen Küche vorstellen. Füllgerichte wie Reis oder ahistorische Teigwaren machten wir nur für unsere Kinder, deren ärgster Hunger – das ist zumindest unsere elterliche Erfahrung – ja immer sofort gestillt werden muß. Wir würden empfehlen, die einzelnen Gänge möglichst frisch zu kochen, eine altrömische Tafel zieht sich deshalb eine Weile hin. In den folgenden Vorschlägen kommen fast ausschließlich Rezepte aus unserem Buch vor, die Ausnahme bilden lediglich einige ganz einfache Vor- und Nachspeisen, die mit (x) gekennzeichnet sind.

## Menü 1



## Menü 2



## Menü 3

## Menü 4



## Menü 5



## Menü 6

## Menü 7



Hier würden wir nur einmal Spanferkel nehmen: falls Spanferkel in Wein, dann gefüllte Kalbsbrust; falls gefülltes Spanferkel, dann in Wein gekochten Schweinebraten.

## Menü 8

# Bibliographie

**Quellen:**

Apicius, *De re coquinaria.* Über die Kochkunst
– lateinisch: Leipzig 1922 (Hrsg. C. Giarratano, F. Vollmer).
Leipzig 1969 (Hrsg. M. E. Milham).
– dt. Übersetzung: R. Gollmer, Leipzig 1909 (2. Aufl. Rostock 1928).
E. Danneil, Leipzig 1911.
– frz. Übersetzung: J. André, Paris 1965 (zitiert als «Übersetzung»).
– zweisprachige Ausgabe bei Reclam, Stuttgart 1991, herausgegeben, übersetzt und kommentiert von R. Maier.

**Die eingestreuten Epigramme von Martial *(xenia)* sind zitiert nach:**

Martial. *Epigramme,* eingeleitet und im antiken Versmaß übertragen von Rudolf Helm, Zürich 1957, S. 487–511.

**Literatur zur Kulturgeschichte, zu Ernährung und Kochen im antiken Rom:**

E. Alföldi-Rosenbaum, *Das Kochbuch der Römer,* 10. Aufl. Zürich 1993.

J. André, *Lexique des termes de botanique en Latin,* Paris 1956.

J. André, *L'alimentation et la cuisine à rome,* Paris, 1961 (zitiert als «L'alimentation»)

J. André, *Les noms d'oiseaux en Latin,* Paris 1967.

E. Brandt, *Untersuchungen zum römischen Kochbuche,* Leipzig 1927.

E. de Saint-Denis, *Le vocabulaire des animaux marins en Latin Classique,* Paris 1947.

O. Keller, *Die antike Tierwelt,* Leipzig 1913 (Nachdruck 1963).

H. Küster, *Wo der Pfeffer wächst. Ein Lexikon zur Kulturgeschichte der Gewürze,* München 1987.

H. O. Lentz, *Zoologie der alten Griechen und Römer,* Gotha 1856.

H. O. Lentz, *Botanik der alten Griechen und Römer,* Gotha 1859.

W. Schivelbusch, *Das Paradies, der Geschmack und die Vernunft. Eine Geschichte der Genußmittel,* München/Wien 1980.

T. Seifert, U. Samatschek, *Die Kochkunst in zwei Jahrtausenden,* München o. J.

R. Tannahill, *Kulturgeschichte des Essens. Von der letzten Eiszeit bis heute.* München 1979.

H. J. Teuteberg, G. Wiegelmann, *Unsere tägliche Kost. Studien zur Geschichte des Alltags,* Münster 1986.

F. Vollmer, *Studien zu dem römischen Kochbuche von APICIUS,* Sitzungsberichte der Bayerischen Akademie der Wissenschaften, München 1920.
Karl-Wilhelm Weeber, *Die Weinkultur der Römer,* Zürich 1993.
H. Wiswe, *Kulturgeschichte der Kochkunst. Kochbücher und Rezepte aus zwei Jahrtausenden m. einem lexikalischen Anhang zur Fachsprache v. Eva Hepp,* München 1970.

## Alphabetisches Verzeichnis der Rezepte

In der rechten Spalte sind die Originalrezepte des Apicius belegt, auf denen die jeweiligen Umsetzungen beruhen.

## Bildnachweis

SCALA Istituto Fotografico Editoriale S. p. A., Antella: S. 33, 36, 37, 73, 77, 80, 113, 116, 117, 220, 221, 224.

Römermuseum Augst bei Basel: S. 40, 76, 120, 217.

Die übrigen Abbildungen sind entnommen aus:
Louis Barré: *Herculanum et Pompéi; recueil général des peintures, bronzes, mosaïques,* Paris 1837–1840.